女作家画传书丛

萧红画传

郭　娟 / 主编

郭玉斌 / 著

SPM
南方传媒　花城出版社

中国·广州

图书在版编目（ＣＩＰ）数据

萧红画传 / 郭玉斌著. -- 广州 : 花城出版社,
2023.1
　（女作家画传书丛 / 郭娟主编）
　ISBN 978-7-5360-9665-3

　Ⅰ.①萧… Ⅱ.①郭… Ⅲ.①萧红（1911-1942）—
传记—画册 Ⅳ.①K825.6-64

中国版本图书馆CIP数据核字(2022)第214386号

出 版 人：张　懿
责任编辑：周思仪　王梦迪
技术编辑：凌春梅　林佳莹
封面插画：马晓晴
封面设计：童天真

书　　名　萧红画传
　　　　　XIAOHONG HUAZHUAN
出版发行　花城出版社
　　　　　（广州市环市东路水荫路 11 号）
经　　销　全国新华书店
印　　刷　深圳市福圣印刷有限公司
　　　　　（深圳市龙华区龙华街道龙苑大道联华工业区）
开　　本　880 毫米 × 1230 毫米　32 开
印　　张　8　10 插页
字　　数　140,000 字
版　　次　2023 年 1 月第 1 版　2023 年 1 月第 1 次印刷
定　　价　59.80 元

如发现印装质量问题，请直接与印刷厂联系调换。
购书热线：020-37604658　37602954
花城出版社网站：http://www.fcph.com.cn

萧红画传

七月里长起来的野菜
八月里开花了
我伤感它们的命运
我赞叹它们的勇敢

——萧红《沙粒》（之一）

20 世纪 30 年代的呼兰城

目录

第二章　松花江畔

5

第五章　零落港岛

第一章 我那呼兰河

往昔冬日的呼兰河

一　小城故事

20 世纪 30 年代的呼兰县公署

　　中国的东北疆有一个叫"北大荒"的地方，北大荒的腹地有一条美丽的大江松花江，松花江北边有一条支流呼兰河，呼兰河边上有一座小城叫呼兰。据考证，早在两三千年前就有少数民族在呼兰生活了。而有文字可考的历史，则是《金史》记载的叫"胡刺温屯"的村落，距今已有近千年的历史了。《元史》载的"朵颜卫"，是这里最早设置的行政官署。明洪武年间设"虎尔文卫"，"虎尔文"就是《金史》上说的"胡刺温"，明代也称为"忽刺温"。清朝很注重呼兰河流域的开发，康熙二十二年（1683）在该流域设卡伦（哨所）8 处，在官方的文书上始见"呼兰"一名。雍正十二年（1734）设置呼兰城守尉，呼兰成为黑龙江最早开发的五城之一。

随着呼兰城的设立，商业的发展，呼兰的人口也大增：呼兰设城之初的乾隆元年（1736）人口仅 544 人；到乾隆末年（1795）增至 5775 人——60 年扩张 10 倍多；到嘉庆十三年（1808）人口破万，达到 11914 人——短短 13 年又增 1 倍；光绪三十一年（1905）设呼兰府，设府之初的宣统元年（1909）人口超 20 万，达 228404 人——呼兰所辖的人口百年间激增近 20 倍。1913 年呼兰府改县，这样的人口规模，在当时的东北已经可以算大县城了。就像辽阳被称为辽宁"第一县"、扶余被称为吉林"第一县"一样，呼兰被称为黑龙江"第一县"。

民国以后，呼兰的经济仍然处于黑龙江领先地位。夏半年，呼兰河上船帆不计其数；冬半年，冰封的呼兰河面上运粮的大车络绎不绝。呼兰得河之利，舟车往来，商贾云集，店铺林立，商业之盛几冠全省。呼兰的繁荣还得益于它的气候条件和交通地位。长冬严寒是这里最显著的气候特征："那县城差不多就是中国的最东最北部——黑龙江省——所以一年之中，倒有四个月飘着白雪。"（萧红《永久的憧憬和追求》）冬季最低气温可达零下 40 摄氏度，最厚冻土深度可达 2 米。呼兰河从每年的 11 月开始结冰，到次年的 4 月才解冻，冰封期可达 5 个月。

在天冷到一定程度，冰厚到一定程度的时候，呼兰河、松花江上就可以通行各种车辆了。松花江以北广袤的平原是出名的产粮区，时有"呼海巴拜（呼兰、海伦、巴彦、拜泉），绥化在外"之说。秋收之后，农民们要利用松花江的冰封期，将粮食运往哈尔滨，并买回将近一年的日用品。而呼兰又是哈尔滨北面的门户，是江北粮车必经之地，所以自然就繁华起来了。呼兰进入冬季的热闹景象从《呼兰府志》（宣统二年修）的记载可知："运粮车辆，道途络绎，车与车相衔接。深宵蹄铁踏地声，渊渊震枕席间。昼出则道路为之壅塞，日至二千余辆，少亦千辆。"[1] 以至于"税局收入，以冬春为盛；而冬春收入者，粮税为上，车税其次也"。[2] 萧红在《呼兰河传》一开篇也记述了呼兰冬季的奇寒和大马车送粮的情形：

> ……七匹马拉着一辆大车，在旷野上成串的一辆接着一辆地跑，打着灯笼，甩着大鞭子，天空挂着三星。跑了两里路之后，马就冒汗了。再跑下去，这一批人马在冰天雪地里边竟热气腾腾的了。一直到太阳出来，进了栈房，那些马才停止了出汗……马毛立刻就上了霜。
>
> 人和马吃饱了之后，他们再跑。这寒带的地方，人家很

---

[1] 周锦：《论〈呼兰河传〉》，成文出版社有限公司，1980年版，第151—152页。
[2] 周锦：《论〈呼兰河传〉》，成文出版社有限公司，1980年版，第152页。

少，……这里是什么也看不见，远望出去是一片白。从这一村到那一村，根本是不见的，只有凭了认路人的记忆才知道走了什么方向。

当年呼兰有两个规模较大的大车店：一个是于家店，在今天的呼兰客运站址；另一个是杨家店，在天主教堂对面。两家大车店隔着一条通往火车站的路，离城中心地带也不远，交通极为便利。那个年月，大车店的数量和规模，是衡量一个地方繁华与否的重要标志。

经济繁荣带动了文化的发展。呼兰小城不乏古朴的民俗文化，热热闹闹的"盛举"带着特有的神秘、原始的魅力：正月十五的扭秧歌、四月十八的娘娘庙会、七月十五的盂兰会放河灯、秋后河边的野台子戏、十天半个月就来一次的跳大神等等。那"野台子戏"要比鲁迅笔下的"社戏"还要热闹：赶上大旱年头，人们就戴起柳条圈来求雨，一下了雨，到秋天就得唱戏还愿。戏台子搭在河边，俗称"野台子戏"。野台子戏要唱上三天，像过节一样，七大姑八大姨都聚在一起，接姑娘唤女婿，很是热闹。非常有趣的是，利用看戏的机会，青年男女和他们的家长彼此偷着相亲。所以，去看戏的姑娘，个个都打扮得漂漂亮亮的。最能展示原汁原味地域风情的"盛举"要数跳大神了。跳大神是东北民间古老的、普遍的、重大的民间宗教活动，它是萨满教的主要表现形式。萨满的神秘诱惑着人们，所以每当跳神的鼓声一响，人们就扶老携幼地从四面八方赶来观看，他们极其投入，甚至可以彻夜不眠。萨满不但表达了百姓乞求保佑、驱病禳灾的世俗目的，而且在深层中表达了人类战胜苦难、使主体精神意志得以自由实现的愿望。

呼兰宗教文化盛行，有吕祖庙、文庙、龙王庙、城隍庙、清真寺、天主教堂等宗教建筑。萧红《呼兰河传》中提到的三所小学竟都设在庙里："东二道街上还有两家学堂，一个在南头，一个在北头。都是在庙里边，一个在龙王庙里，一个在祖师庙里。两个都是小学……西二道街上不但没有火磨，学堂也就只有一个。是个清真学校，设在城隍庙里边。"此外，《呼兰河传》还提到了呼兰的娘娘庙（慈云寺）、老爷庙（关岳庙）等。

呼兰教育可上溯至三百多年前，清康熙三十四年（1695）黑龙江将军萨布素奏准在齐齐哈尔、呼兰、墨尔根（今嫩江县）、黑龙江（今爱辉区）四城设满官学，呼兰成为黑龙江教育伊始的四城之一。光绪改元以后，推行科举考试，呼兰城乡也因此大兴官学，有了"江省邹鲁"的美誉。宣统元年（1909）呼兰兴办的各类学堂数量及学生数量都居本省各县之首。呼兰文人雅士荟萃，比如著书论史的富永阿、尚儒兴学的乌珍布、积书充栋的舒昶等文化名人，文化教育"甲于江省"。

在 20 世纪初那个躁动不安的时代，中国社会正酝酿着一场革命风暴，并很快在南方各省如火如荼地展开，两千多年封建社会的末代王朝正处于风雨飘摇之中。呼兰这座边陲小城也感受到"山雨欲来"的前兆，一些新生事物在不可抗拒的时代变动中进入小城：牙科医生、新式学堂、农业学校等等。然而这又如何呢？这些异质的事物都变得面目全非、光怪陆离、可怜可笑：牙科医生的大招牌令人感到莫名其妙，新学堂学生年龄七长八短，新式的农业学校最终的成果是教员们将蚕蛹炒熟大吃一顿了事。尽管呼兰是哈尔滨以北的门户，可由于土地广大，肥沃，可以跑马占荒，生存相对容易，这样一年中可以有半年的时间在门窗封闭的屋子里"猫冬"。东北地理上的偏僻与历史上的洪荒，使得当时的呼兰与南方的一些城镇相比较，仍然显得闭塞和落后。

二　悠悠家世

　　苍茫的关东大地铺展着神话一样美丽富饶的山川，那神奇的白山黑水不知魅惑了多少"闯关东"的人们。萧红的祖上就是"闯关东"的。萧红在《"九一八"致弟弟书》中说："我小的时候，祖父讲给我们听，我们本是山东人，我们的曾祖，是担着担子逃荒到关东的。"关外是满族的发祥地，清朝称之为"龙兴之地"，从康熙七年（1668）开始，对其实行近200年的封禁政策。到了雍正、乾隆年间，由于关内土地兼并日甚，大批失地农民被迫流徙关外谋生，造成关外"私垦之民，难以驱逐"的局面。乾隆年间，山东连年灾荒，萧红的祖上张岱携妻带子从山东省东昌府莘县长兴社东十甲梁丕营村（今为山东省聊城市莘县董杜庄镇梁丕营村）出来闯关东。据1935年8月编撰的《东昌张氏宗谱书》可知：张岱到关外，先在辽宁省的朝阳、凤凰城两地给旗人当雇工。后迁移到吉林省榆树县，在青山堡半截河子报领了一块撂荒地，结束了无产业的生活。嘉庆年间，张岱的两个儿子张明福、张明贵兄弟俩到黑龙江的阿城县占荒移垦，成家立业。这样，阿城的福昌号屯成了张氏家族的大本营。

道光二十年（1840）鸦片战争爆发以后，清政府内忧外患频繁，沙俄趁机对黑龙江地区蚕食鲸吞，加剧了东北边疆危机。加之清政府财政困难，兵饷难以为继，致使黑龙江边务松弛。咸丰十年（1860）署理黑龙江将军特普钦以"官兵俸饷不继"为由，奏请招民开垦，充实边防。特普钦的奏折得到了清政府的批准，于是解除封禁，放荒招垦。原来留住在奉天、吉林两省的一些直隶、山东的流民闻讯蜂拥北上。在这种情形下，张明福的三弟张明义于同治六年（1867）也离开了榆树县，来到黑龙江宾县开荒种地。黑龙江的黑土肥沃，张家很快富庶起来。据《东昌张氏宗谱书》记载，大丰收的年成里，所获谷物连粮仓都装不下，只好烧荒一样地当草烧掉肥田。随着东北商品经济和运输业的发展，张家开始把粮食运往外地销售，直至吉林、奉天两省。又在当地办起了烧锅坊（白酒作坊）、油坊和杂货铺等，走上了亦农亦商之路。鼎盛时期，张家三兄弟与同宗的另外六兄弟在阿城、宾县、五常、克山、绥化、巴彦、呼兰、兰西、明水、双城等十余县广置土地、房屋，开办造酒业、榨油业和商店杂肆，成为一方的大商人、地主。

到了萧红祖父张维祯（1849—1929）的时候，已经是张家在东北的第四代传人了，祖上的那种创业的勇气已经在安逸中消散殆尽了。"他们过的是既不向前，也不回头的生活，是凡过去的，都算是忘记了，未来的他们也不怎样积极的希望着，只是一天一天的平板的，无怨无尤的在他们祖先给他们准备好的口粮之中生活着。"（《呼兰河传》）光绪初年，张维祯分得呼兰县城的房地产和油坊、烧锅坊各一处，带着家人从阿城福昌号屯迁到呼兰。张维祯家在呼兰城南龙王庙胡同的南面，张家的院子有 7125 平方米（将近 85 米见方），有房屋 30 间。大院分东西两院，西院是张家库房和佃户住的地方，东院是张家自住的宅院。

张维祯性格懦弱懒散，又不擅长经商务农，妻子范氏（1845—1917）却是位聪明干练的女人，里里外外一把手，结果张维祯是不闻家政，乐得清闲。但在那个时代里，女人的活动天地很有限，所以家业渐衰，烧锅坊、油坊先后关闭，以后就靠租赁房屋和田地过活。范氏生有三女，幼子夭亡。按当时的风俗，无子的张维祯要在家族中过继一子。张维祯弟兄五人，他排行老四，他的五弟张维岳家人丁兴旺，前后两房妻子，生养七儿一女。张维祯就将张维岳的三儿子张廷举过继为子。

张廷举（1888—1959）3 岁丧母，12 岁过继给四伯父张维祯。养父给他取了个字叫"选三"，意思是在张维岳前妻的三个儿子中选中了老三为继子。过继前，张廷举正在阿城老家读书，随张维桢到呼兰后，养父疼爱继子，按他的意愿将他送到当时的黑龙江省会齐齐哈尔继续学习。在省立高等小学毕业时，张廷举成绩优异，授"奖励廪生"。接着又考上省立优级师范学堂，毕业时获"奖励师范科举人，中书科中书衔"。张廷举毕业不久，养母范氏就为他相了亲，女方叫姜玉兰。

姜玉兰（1886—1919）是呼兰城北河东第三区姜家窝堡（今呼兰区孟家乡西营村）人。其父姜文选是地方士绅，有地100多垧。姜文选经呼兰府试合格，曾两赴船厂（今吉林市）参加科举考试，皆落第而归。回乡后设塾教书，虽功名不就，但在呼兰河畔以博学闻名，人称姜大先生。民国初年，姜文选还曾被选为省议员。姜家有四女一男，姜玉兰是长女，姐弟五人都幼从父学。姜玉兰三妹姜玉凤回忆说："我们五个念书，

萧红的父亲张廷举

数人家（指姜玉兰）心灵，一说就会。我爸最喜欢她。常对我们几个小的说：'你们几个谁也赶不上你大姐。'"[1] 可见，姜玉兰也算是出身于书香人家。

1908 年张维祯在家里的东院建成了五间宽敞的正房。转年 8 月，张廷举与姜玉兰结婚就住在这房的东屋。按中国"东大西小"的民俗，张维祯应该住在东屋，而继子张廷举住西屋，可事情总是有例外的：五间正房盖好后，张维祯夫妇已搬入西两间了，在张廷举与姜玉兰结婚后，本应按"东大西小"的习惯住，但因张维祯夫妇不愿搬动，新婚的张廷举与姜玉兰就住了东屋。

1911年6月1日，就是那年的农历五月初五端午节，姜玉兰在这正房东屋外间南炕上生了一个女娃，他们给这个女娃起了个乳名叫"荣华"。谁也没有想到这个女娃将来会成为一个作家，成为东北作家群的代表作家，成为中国现代最有成就的女作家，成为从荒原走向世界的作家——萧红。

---

[1] 姜德坤：《萧红的母亲——萧红童年生活片断序》，见《萧红研究·萧红身世考》，哈尔滨出版社，2004 年版，第 48 页。

三　后花园的光阴

　　萧红是父母的头生子，在她出生前，张家已经好多年没有听到小孩子的哭声了，并且她又是父母婚后两年生的，所以萧红的出生给张家带来喜悦。特别是见到隔代人的祖父更是欣喜异常，萧红说："等我生下来了，第一个给了祖父的无限的欢喜……"（《呼兰河传》）

　　萧红从小就表现出了倔强的性格，为了让襁褓中的萧红安睡，母亲按民间的做法要用布缠裹住她的手脚，她却挣扎着不让大人抓住她的胳膊、腿儿，来串门儿的大婶见状笑着说："这小丫头真厉害，大了准是个'茬子'。"她会走了，会跑了，就更显出调皮劲儿。祖母有洁癖，总是把柜子、炕琴擦得很亮，摆设的各种器皿也都一尘不染，还要每年都换一次新窗纸。萧红对那新糊的窗纸产生了兴趣，只要大人把她往炕上一放，她就噔噔噔地往炕里跑，用手指去捅新糊的窗纸，嘟、嘟、嘟……一捅一个洞，她觉得好听极了，好玩极了，大人说也不听。有一次萧红故态重演，祖母就拿个针到窗外候着，萧红的小手指捅窗纸的时候就挨了祖母的针刺。在亲友眼中，萧红的任性几乎是天生的。

萧红家有个很大的后花园，这个后花园是萧红儿时的乐园，就像鲁迅的百草园一样，而萧红的后花园要比鲁迅的百草园更丰富多彩，更令人神往。她说："祖父多半是在后花园里，我也在后花园里。"（《呼兰河传》）

后花园是个神奇有趣的世界。这里有色彩：白蝴蝶、满身带着金粉的大红蝴蝶、"蜻蜓是金的，蚂蚱是绿的"；这里有声响：蜂子"嗡嗡地"飞着，"风来了"，大榆树先啸了。在这里，萧红跟在祖父的身后，一会儿拔草，一会儿培土，一会儿浇水。她拔草是把谷穗拔掉，把狗尾草留下了；她培土是乱踩乱踢，有时没有把种子埋在土里，反倒踢飞了；浇水也不往菜上浇而是往天上扬，一边扬还一边大叫："下雨了，下雨了！"后花园里真是好玩儿极了。

后花园是个自由自在的世界，萧红在《呼兰河传》中写道：

> 花开了，就像花睡醒了似的。鸟飞了，就像鸟飞上了天似的。虫子叫了，就像虫子在说话似的。一切都活了。都有无限的本领，要做什么，就做什么。要怎么样，就怎么样。都是自由的。倭瓜愿意爬上架就爬上架，愿意爬上房就爬上房。黄瓜愿意开一个谎花，就开一个谎花，愿意结一个黄瓜就结一个黄瓜。若都不愿意，就是一个黄瓜也不结，一朵花也不开，也没有人问

它。玉米愿意长多高就长多高，它若愿意长上天去，也没有人管。蝴蝶随意的飞，一会从墙头上飞来一对黄蝴蝶，一会又从墙头上飞走了一个白蝴蝶。它们是从谁家来的，又飞到谁家去？太阳也不知道这个。

在这里，花、鸟、虫、蝶、倭瓜、黄瓜、玉米，仿佛一切都有了知觉、有了感情、有了灵性，一切都无拘无束，充满生机。

后花园是个干净的世界，萧红在小说《后花园》中写道：

> 玉蜀黍的缨子刚刚才出芽，就各色不同，好比女人绣花的丝线夹子打开了，红的绿的，深的浅的，干净得过分了，简直不知道它为什么那样干净，不知怎样它才那样干净的，不知怎样才做到那样的，或者说它是刚刚用水洗过、或者说它是用膏油涂过。但是又都不像，那简直是干净得连手都没有上过。

玉米缨子是那么地新鲜、干净，就如带着露水的花、粘了泥土的草、流淌在山间的小溪……后花园真是个令人乐而忘忧、流连忘返的好地方。

童年的萧红，有一般孩子善于模仿的天性："祖父戴一个大草帽，我戴一个小草帽。祖父栽花，我就栽花。祖父拔草，我就拔草。""祖父铲地，我就铲地。"她有一般孩子观察事物仔细认真的天性：她能留意蜂子"满身绒毛，落到一朵花上，胖圆圆地就和一个小毛球似的不动了"。她有一般孩子熟视无睬，过耳不留的天性："祖父发现我铲的那块满留着狗尾草的一片"，就问："这是什么？"她答"谷子"。祖父大笑起来。当祖父教她怎样区分谷子和狗尾草时，"我看了也并不仔细看，也不过马马虎虎承认下来就是了"。她还有一般孩子做事不专一、兴奋点转移快的天性：黄瓜也许没有吃完，又去捉蜻蜓。蜻蜓没捉到，又去采倭瓜花，又去捉蚂蚱。

在后花园里玩耍，萧红也喜欢看天，尤其喜欢看天上的火烧云。火烧云颜色无限丰富，形状也变幻无穷，让萧红特别着迷。看哪！天空里出现一匹跪着的马，似乎等有人骑上去它才站起来；一会儿又跑来一条凶猛的大狗，后面跟着好几条小狗仔……"又找到了一个大狮子，和娘娘庙门前的大石头狮子一模一样的，也是那么大，也是那样的蹲着，很威武的，很镇静地蹲着，它表示着蔑视一切的样子，似乎眼睛连什么也不睬……"（《呼兰河传》）就是这样一些平平常常的事物，一旦进入萧红的眼中，就看出了新奇，看出了不寻常的奥秘。

萧红是母亲的第一个孩子，平日里缺少玩伴；母亲在繁重的家务与接二连三的生育情形下，对萧红疏于照顾；父亲又很威严，让她亲近不得……所有这些让萧红的童年生活有些孤独、寂寞。好在她幸运地拥有一个很大的后花园，这给她创造了感受自然、热爱自然的大好机会。后花园的各种花草菜蔬、蜂蝶蚂蚱，还有绚丽无比的火烧云，都曾强烈地吸引着她，使她对光、色、影是那样地敏感和着迷。她喜欢把自己见到的、想到的，好玩的、好看的东西画下来，比如画些小房子、小鸟、花朵什么的给祖父看，还说长大要当画家。萧红自幼就喜欢画画，那是源于大自然的教化。

这样与大自然的亲近对萧红的影响是巨大的，它使萧红敏于感知、富于情感、长于想象，这对培养她的文学爱好，甚至对她作品富有诗的意境、明丽的色调等，都大有好处。与大自然的亲近，让萧红比一般的孩子更少世俗的浸染，更好地保持了童心的本真，也就对童年生活有更深刻、持久的印象和记忆，以至于萧红后来写出那么多以童年生活为题材或以儿童视角切入的作品。与大自然的亲近，使萧红的灵魂与大自然契合、相通，让她日后的文学作品在文体风格上最大限度地贴近自然、师法自然，从而使她的作品显得如行云流水，舒卷自如，没有给人一点儿精心构思的痕迹。与大自然的亲近，对萧红性格、心理的影响是巨大的：她的率真任性、热爱自由、蔑视规矩、冲破禁锢等等，都与大自然对她的陶冶、启迪分不开。可以说，萧红是自然之女，是大自然的万物灵气所孕育的小精灵。

四　初识呼兰城

呼兰关岳庙

这座关岳庙就是《呼兰河传》里提到的老爷庙。呼兰关岳庙建于乾隆十五年（1750），20世纪50年代初拆毁，存世200年。庙前的那对石狮子尚在，被移置到黑龙江省博物馆门前

　　神奇的大自然也培养了萧红的自由探索精神。稍大一点儿，她就不满足于在后花园探秘，她要走出家门，看看外面的世界：

　　　终于一天晴朗的夏日，戴起小草帽来，自己出街去买皮球了！朝向母亲曾领我到过的那家铺子走去，离家不远的时候我的心志非常光明，能够分辨方向，我知道自己是向北走。过了一会，不然了！太阳我也找不着了！一些些的招牌，依我看来都是一个样，街上的行人好像每个要撞倒我似的，就连马车也好像是旋转着。我不晓得自己走了多远，只是我实在疲劳，不能再寻找那家商店；我急切地想回家，可是家也被寻觅不到。

　　　我是从那一条路来的？究竟家是在什么方向？（《蹲在洋车上》）

　　这是萧红六岁的时候第一次离家出走，为了一个皮球，为了一个孩子的梦，为了看一看外面的世界。这次探险的结果是自己走丢了，后来被一个好心的洋车夫送了回来。但她一点儿也没害怕，反倒是兴奋得又喊又笑，因为这次经历是那么地新奇而刺激。

　　外面的世界也很精彩，但跟着有二伯逛公园却不能够尽兴。萧红在《呼兰河传》中记述道：

　　　有二伯带着我上公园的时候，他什么也不买给我吃。公园里边卖什么的都有，油炸糕，香油撇饼，豆腐脑，等等。他一点也不买给我吃。

　　　我若是稍稍在那卖东西吃的旁边一站，他就说："快走罢，快往前走。"

逛公园就好像赶路似的，他一步也不让我停。

公园里变把戏的，耍熊瞎子的都有，敲锣打鼓，非常热闹。而他不让我看。我若是稍稍地在那变把戏的前边停了一停，他就说："快走罢，快往前走。"

不知为什么他时时在追着我。

……

等来到了跑马戏的近前，那里边连喊带唱的，实在热闹，我就非要进去看不可。有二伯则一定不进去，他说："没有什么好看的……"

他说："你二伯不看介个……"

他又说："家里边吃饭了。"

他又说："你再闹，我打你。"

到了后来，他才说："你二伯也是愿意看，好看的有谁不愿意看。你二伯没有钱，没有钱买票，人家不让咱进去。"

在公园里边，当场我就拉住了有二伯的口袋，给他施以检查，检查出几个铜板来，买票这不够的。有二伯又说："你二伯没有钱……"

也是在萧红六岁的时候，祖母死了，家里来了许多吊唁的亲戚，也就跟来了一些孩子，很是热闹。大家一闹闹了好些天，来的人都是吃、喝、玩、笑。死人的事在一个尚未解事的小女孩的心目中也没有多少悲哀可言，更何况家里一下子来了这么多小伙伴呢？所以一直缺少玩伴的萧红反倒很高兴。她跟着比自己大一些的孩子走出了家门儿，第一次见到比自己家后花园还大的"南大营"。再往前走，就到了河沿儿，萧红在《呼兰河传》中记述了她第一次看见呼兰河的感受：

……我不能晓得这河水是从什么地方来的？走了几年了。

那河太大了，等我走到河边上，抓了一把沙子抛下去，那河水简直没有因此而脏了一点点。河上有船，但是不很多。有的往东去了，有的往西去了。也有的划到河的对岸去的，河的对岸似乎没有人家，而是一片柳条林。再往远看，就不能知道那是什么地方了，因为也没有人家，也没有房子，也看不见道路，

20世纪30年代的呼兰大十字街
萧红童年曾在这里走失

也听不见一点音响。

　　我想将来是不是我也可以到那没有人的地方去看一看。除了我家的后园，还有街道。除了街道，还有大河。除了大河，还有柳条林。除了柳条林，还有更远的，什么也没有的地方，什么也看不见的地方，什么声音也听不见的地方。

　　对于幼年的萧红来说，呼兰河真是太大了，它给萧红的感觉太奇妙了，印象太深了。不用说对一个孩子，就是对一个成年人来说，这条发源于小兴安岭林海中的千里长河，也流淌着无尽的美丽，蕴藏着无限的神奇。

　　后来，萧红走出了后花园，走出了呼兰小城，离开了她的呼兰河……

旧时呼兰西岗公园游园的人们

　　西岗公园建成于1917年8月。这里曾是萧红童年玩耍过的地方，也是她少女时代演过话剧的地方

五　感情的碎片

幼年萧红与生母姜玉兰
1914 或 1915 年摄于呼兰

　　萧红的母亲是理家能手，据《东昌张氏宗谱书》载："夫人姜氏玉兰……，来归十二年，勤俭理家，躬操井臼。夫妇伉俪最笃。"有母亲操持家务，炕上地下拾掇得干干净净，孩子大人穿得齐齐整整。萧红小时候，母亲每年要回娘家住上一两次，回娘家的时候总是带着萧红，并把识字的字块带上，不忘教她识字。但因公婆年纪大了，丈夫又在外忙于公务，操持家务就自然落在她的身上，这样也就少有闲暇照顾萧红。特别是萧红有了弟弟之后，母亲更少顾及她。萧红九岁时，母亲不幸染上了霍乱。母亲弥留之际，在极短的清醒中，她看着萧红哭了，萧红也哭了。萧红长大后回忆起母亲时，还是很感伤地表示："母亲并不十分爱我，但也总算是母亲。"（《感情的碎片》）萧红这样说可能还存在一个比较的问题：幼年的萧红与祖父感情极深，她曾在纪实性很强的《呼兰河传》中说："等我长大了，祖父非常地爱我。"与祖父的"非常地爱我"相比较，母亲的"并不十分爱我"也就好理解了。确实，与祖父比起来，家里所有的人都不会是"十分"地爱她。不"十分"爱，也许是九分、八分的爱。这在萧红的弟弟张秀琢的回忆文章中得到印证："我家生活状况是比较优越的，从某种意义上讲，对姐姐也算得上娇惯了。"[1] 的确，幼年的萧红虽然没有享受到正午阳光般的母爱，但也绝不是穿越着一片母爱的废墟。

母亲过世后，缺少女主人的家一团糟。父亲上有老，下有小，自己还有公务缠身，真是一筹莫展。所以在亲友的催促下，母亲刚过百天忌日，父亲就迎娶了新人。继母梁亚兰（1898—1972）是本镇的旗人，只长萧红 13 岁。梁亚兰本名梁秀兰，因与张家晚辈同排"秀"字不妥，所以父亲将"秀兰"改为"亚兰"，同时也含有对发妻姜玉兰的敬重。梁亚兰过门的时候，萧红的鞋面上还缝着白布呢，是邻居看着不好，才扯了下来，

---

[1] 张秀琢：《重读〈呼兰河传〉，回忆姐姐萧红》，见《怀念萧红》，黑龙江人民出版社，1981 年版，第 49 页。

拽着她跪在梁亚兰面前认了新母亲。萧红四岁的弟弟秀珂是别人把着给继母磕的头，继母抱了抱秀珂，算是当了娘。

《东昌张氏宗谱书》上说："续配夫人梁氏亚兰亦名门之女，佐理家务俱有条理。"萧红家的族人很多，阿城、绥化的亲戚来，一住就是几个月，有时还住上一年半载。特别是阿城福昌号萧红叔伯的孩子、姑奶家的孩子在呼兰念书，好几个都成年累月地住在她家。梁亚兰缝缝补补，洗洗涮涮，从来不嫌烦。这位继母怕担后娘虐待前房孩子的恶名，对萧红姐弟俩从来没打一下，没骂一句，但感情上总是隔了一层。萧红曾回忆道："这个母亲很客气……客气是越客气了，但是冷淡了，疏远了，生人一样。"（《祖父死了的时候》）

萧红的父亲张廷举初在汤原县农业学堂当教员，兼实业局劝业员。不久调回呼兰，任呼兰农工学堂教员、改良私塾总教习。民国后，历任呼兰县立第一和第二初高两级小学校长、呼兰县义务教育委员会委员长、呼兰县立通俗出版社社长、呼兰县教育局局长、黑龙江省教育厅秘书、巴彦县教育局督学等职，基本上是在教育一行中就职。伪满时期，任县协和会副会长。1945年光复后，任县维持会副委员长，还被选为松江省人民代表，当选过省议员。

张廷举是个较典型的旧式知识分子，有重男轻女的倾向，家长作风也比较严重，在孩子面前总板着面孔，极少言笑，给萧红冷漠的感觉，所以她苦于和父亲接触。特别是中年丧妻、幼子夭折、养父老迈、公务繁忙……这些家庭变故和现状，让张廷举内外交困，焦头烂额，他的情绪常常变得很坏，萧红在《永久的憧憬和追求》中写道：

> ……九岁时，母亲死去。父亲也就更变了样，偶而打碎了一只杯子，他就要骂到使人发抖的程度。后来就连父亲的眼睛也转了弯，每从他的身边经过，我就像自己的身上生了针刺一样：他斜视着你，他那高傲的眼光从鼻梁经过嘴角而往下流着。

对于一个孩子来说，这无疑是一种居高临下的威压。萧红在散文《祖父死了的时候》曾记述道：

> 过去的十年我是和父亲打斗着生活。在这期间，我觉得人是残酷的东西，父亲对我是没有好面孔的，对祖父也是没有好面孔的，对仆人也是没有好面孔的。因为仆人是穷人，祖父是老了，我是个小孩子，所以我们这些完全没有保障的人就落到他的手里。后来，我看到新娶来的母亲也落到他的手里。他喜欢她的时候，便同她说笑，他恼怒的时候便骂她。母亲渐渐也怕起父亲来。

不仅如此，萧红还把父亲当成对弱势人群的霸凌者进行抨击，记述了父亲强行把交不上租金的房客的马车赶了过来，他还打骂为他家干了大半辈子活的、年纪比他大一倍的有二伯。总之，父亲在萧红的心灵上留下了很大的伤害，所以她对父亲一直耿耿于怀。环境塑造人，自幼任性的萧红出于儿童自我保护的本能和逆反心理，有些事情她本不想去做，一旦遭到父亲或继母的反对，她还非做不可，从而养成了孤僻、敏感、矜持而又倔强的性格。

六　温暖的大手

萧红的祖父张维祯

　　父母冷淡，又缺少玩伴，萧红的童年与很多孩子相比有些
孤独、寂寞，幸亏她有个老祖父。因为祖父不怎么会理财，一
切家务都由祖母和母亲管理，祖父只是自由自在地一天天闲着，
所以祖父成了萧红的玩伴，带给她无限的慈爱和温暖。萧红后
来在《呼兰河传》中自述道：

　　　　祖父非常地爱我，使我觉得在这世界上，有了祖父就够了，
　　还怕什么呢？虽然父亲的冷淡，母亲的恶言恶色，和祖母的用
　　针刺我的手指的这些事，都觉得算不了什么。

　　在幼年的萧红眼里，"祖父的眼睛是笑盈盈的，祖父的笑，常常笑得和孩子似的。祖父是长得很高的人，身体很健康，手里喜欢拿着手杖。嘴里则不住地抽着旱烟管……"后花园的天空特别高、特别蓝，太阳特别大、特别亮，白云特别低，仿佛在祖父戴着的草帽边上飞过。"我走不动的时候，祖父就抱着我；我走动了，祖父就拉着我，一天到晚，门里门外，寸步不离……"还有更生动的记述：

> 我跟着祖父，大黄狗在后边跟着我。我跳着，大黄狗摇着尾巴。
>
> 大黄狗的头像盆那么大，又胖又圆，我总想要当一匹小马来骑它，祖父说骑不得。
>
> 但是大黄狗是喜欢我的，我是爱大黄狗的。
>
> 鸡从架里出来了，鸭子从架里出来了，它们抖擞着毛，一出来就连跑带叫的，吵得声音很大。
>
> 祖父撒着通红的高粱米粒在地上，又撒了金黄的谷粒子在地上。
>
> 于是鸡啄食的声音，咯咯地响成一群了。

祖父与小孙女，人与鸡、鸭、狗，共同构成了一幅和谐、有趣、其乐融融的生动画面。

有一次，萧红在后花园玩耍，她摘了许多玫瑰花，用小草帽兜着。祖父正蹲在地上拔草，萧红就凑过去往他的草帽上插花。祖父只知道孙女在摆弄他的草帽，却不知道她到底在做什么。她把祖父的草帽插了一圈的花，红通通的有二三十朵，她一边插还一边笑。祖父边侍弄园子边说："今年春天雨水大，咱们这棵玫瑰开得这么香，二里路也怕闻得到！"萧红笑得哆嗦起来，等她都插完了，祖父还不知道她做了些什么，他还照样拔着垄上的草。萧红跑得远远的站着，不敢往祖父那边看，一看就想笑。她只好借机进屋去找一点儿吃的，还没有等她回后花园，祖父也进屋来了，戴着满头红通通的"花冠"进来的。祖父一进来祖母就看见了，她什么也没说，就大笑了起来。父亲母亲也笑了起来，而萧红在炕上打着滚地笑。祖父把帽子摘下来一看，原来那玫瑰的香并不是因为春天雨水大的缘故，而是那花就插在他的草帽上！他把草帽放下，笑了好一阵子还停不住，过一会儿一想起来，又笑了……一个悠闲的老人，一个活泼的女孩，这一老一小在后花园里生出无限的欢乐。

祖父是萧红的文学启蒙老师。祖父受过良好的私塾教育，《东昌张氏宗谱书》说他："秉性温厚，幼读诗书约十余年。"萧红幼年时跟祖父学了好多古诗，她在《呼兰河传》中记述道：

> 祖母死了，我就跟祖父学诗。因为祖父的屋子空着，我就闹着一定要睡在祖父那屋。
>
> 早晨念诗，晚上念诗，半夜醒了也是念诗。念了一阵，念困了再睡去。

祖父教我的是《千家诗》，并没有课本，全凭口头传诵，祖父念一句，我就念一句。

……

我一念起诗来，我家的五间房都可以听见，祖父怕我喊坏了喉咙，常常警告着我说：

"房盖被你抬走了。"

听了这笑话，我略微笑了一会工夫，过不了多久，就又喊起来了。

夜里也是照样地喊，母亲吓唬我，说再喊她要打我。

祖父也说：

"没有你这样念诗的，你这不叫念诗，你这叫乱叫。"

但我觉得这乱叫的习惯不能改，若不让我叫，我念它干什么。每当祖父教我一个新诗，一开头我若听了不好听，我就说：

"不学这个。"

祖父于是就换一个，换一个不好，我还是不要。

"春眠不觉晓，处处闻啼鸟，

夜来风雨声，花落知多少。"

这一首诗，我很喜欢，我一念到第二句，"处处闻啼鸟"那处处两字，我就高兴起来了。觉得这首诗，实在是好，真好听，"处处"该多好听。

还有一首我更喜欢的：

"重重叠叠上楼台，几度呼童扫不开。

刚被太阳收拾去，又为明月送将来。"

就这"几度呼童扫不开",我根本不知道什么意思,就念成西沥忽通扫不开。越念越觉得好听,越念越有趣味。

每当客人来了,祖父总是呼我念诗的,我就总喜欢念这一首。

那客人不知听懂了与否,只是点头说好。

萧红还喜欢读"两个黄鹂鸣翠柳,一行白鹭上青天",这是因为她误把"黄鹂"想成了"黄梨",当知道黄鹂是鸟而不是好吃的水果时,就不喜欢这首诗了;还有,"去年今日此门中,人面桃花相映红。人面不知何处去,桃花依旧笑春风",这首诗祖父讲了她也不明白是什么意思,但是她喜欢这首诗,因为其中有桃花,桃树一开花不就结桃子吗?桃子很好吃,所以喜欢。

读了一段时间,祖父开始讲解了:"'少小离家老大回',这是说小的时候离开了家到外面去,老了才回来。'乡音无改鬓毛衰',这是说家乡的口音还没有改变,胡子可白了。好比爷爷像你那么大离家,现在老了才回来,谁还认识呢?'儿童相见不相识,笑问客从何处来',小孩子见了就招呼着说:'你这个白胡子老头儿,是从哪里来的?'"

"我也要离家的吗?等我胡子白了回来,爷爷你也不认识我了吗?"萧红心里有些惶恐。

"等你老了，还有爷爷吗？"祖父笑了。

"为什么小的时候离家？离家到哪里去？"萧红还是问个不停。

"你不离家的，你哪里能够离家？再念一首诗吧，念'春眠不觉晓'……"祖父哄着她。（《呼兰河传》）

就这样，古典诗歌优美的意境给她以最初的文学启迪。这是真正的寓教于乐，就是在这种把诗当歌唱、当游戏的日子里，萧红的心灵开窍了。可以说，正是祖父为她打开了通向文学的大门。这是日后成为作家的她非常值得珍视的宝贵财富。

祖父是萧红的保护神。祖父那双温暖的大手，给萧红以无限的抚慰。萧红在《永久的憧憬和追求》中记述道：

> 父亲打了我的时候，我就在祖父的房里，一直面向着窗子，从黄昏到深夜……
>
> 祖父时时把多纹的两手放在我的肩上，而后又放在我的头上，我的耳边便响着这样的声音：
>
> "快快长吧！长大就好了。"

祖父是萧红的精神召引者。祖父为人善良、宽容，他把欠房租的房客的马退还回去，对受苦受难的小团圆媳妇的同情、惋惜，对冯歪嘴子的扶持、救助……这些都给萧红以潜移默化的、深刻的、终生的影响，使她对弱小者的苦难体察入微、感同身受。她说："从祖父那里知道了人生除掉了冰冷和憎恶而外，还有温暖和爱。所以我就向着'温暖'和'爱'的方向，怀着永久的憧憬和追求。"(《永久的憧憬和追求》)是祖父在萧红幼小的心灵里播下爱的种子。

萧红在童年生活中，也接触过一些下层贫民，比如孤苦无依的老长工有二伯、乐观坚忍的磨倌冯歪嘴子等。她曾看见父亲因讨租扣下赶车人的车马，也曾看见老胡家的小团圆媳妇活活被折磨死。对于幼年的萧红，虽然她还不能清楚地辨别善恶、美丑，但这些却给她留下难以磨灭的印象，就像丰富的矿藏深埋在地层里一样。当她对这一段生活重新咀嚼，进行再认识的时候，这些人物便凸现在她的笔下，栩栩如生，呼之欲出，并通过他们的悲剧命运，揭示了造成人民苦难的根源。

七　上学啦

呼兰龙王庙小学（今萧红小学）

　　清朝末年，随着封禁政策逐渐废除，关内汉民大批涌入黑龙江地区，户口激增，大片土地被开垦，经济日趋繁盛，文化也获得了发展，一改以前崇武轻文、教育落后的局面。1911年，就在萧红出生的那年，辛亥革命爆发，两千多年的封建王朝被推翻，人们的思想获得了一定程度的解放，社会上出现了一些新的气象。1912年民国政府教育部公布了"壬子学制"，提出教育的男女平等原则。但由于黑龙江地处关外，"壬子学制"在相当长的时间后才逐步得到实施。1919年五四运动发生，提倡民主科学、自由平等。在要求男女平等、反对男尊女卑的呼声日益高涨的情况下，呼兰县立小学部开始增设女生部，招收女学生。据记载，民国十四年（1925）呼兰全境仅有女校5所，学生475人；而男校是25所，学生1735人。[1]可见女孩子上学的比例还是很低。

1920年秋，九周岁的萧红上学了。萧红去的是离家不到百米的小学，因为这所小学在龙王庙院内，所以群众称它为"龙王庙小学"。《呼兰河传》提到这个小学时说："龙王庙里的那个学的是养蚕，叫做农业学校……"这所小学叫县乙种农业学校，但在萧红上学之前不久的1920年3月，更名为呼兰县立第二初级小学。1921年7月，萧红读初小二年级时，这所小学又改称第二十国民小学。这就是现在的萧红小学。萧红入学时取学名张秀环，后因与二姨姜玉环的字有重复，都有个"环"字，而按风俗，不同辈分的亲属名字不能重字，于是博学的外祖父把萧红的学名改为张乃莹，因为"乃"是"秀"字底，"莹"与"环"都含"玉"。

1924年秋季，萧红升入北关初高两级小学，读高小一年级，不久转入县立第一女子初高两级小学校，插班高小一年级。萧红的高小同学傅秀兰回忆说："刚升入高小一年级时，我们班

[1] 张伯英：《黑龙江志稿》（中），黑龙江人民出版社，1992年版，第1109—1110页。

转来一个稍高个的同学，白净的圆脸上，闪着一双聪明又秀气的大眼睛……班主任果老师向大家介绍说：'咱班新来一个同学，她叫张乃莹。'她微微一笑，向大家点了个头，便走向老师给她安排的座位。……她穿的是阴丹士林的蓝上衣黑布格子、白袜子、黑布鞋，和大家的打扮是一模一样的。她的性格温和、恬静，而且平易近人，只是不太爱说话。"[1]当地有钱人家的子女不少是坐自家的马车上学的，尽管家离学校都很近，因为那是有钱人家的象征。萧红出身于地主家庭，父亲又是呼兰教育界的官员，家境比较优越，但萧红从来不坐马车上学，同学问她怎么不坐马车上学？她笑笑说："我又不是小姐，我可怕把身体坐坏了。"萧红从不以阔家小姐身份自居。

萧红学习很用功，她同父异母的弟弟张秀珂回忆说："后窗下花丛中搭了一个小棚，是姐姐乘凉、学习的地方。夏天，她多半在这里读书。姐姐读起书来是不知疲倦的。有时到了吃饭的时间，她还不回屋来，常常要人去喊她。姐姐喜欢在书里夹花叶，常常顺手拿起一片花叶夹在书中'备忘'。"[2]另据萧红的堂妹张秀珉回忆，在大家都玩得很开心的时候，唯独萧

---

[1] 傅秀兰口述，何宏整理：《女作家萧红少年时代二三事》，见《萧红研究》第一辑，哈尔滨出版社，1993年版，第13—14页。

[2] 张秀珂：《重读〈呼兰河传〉，回忆姐姐萧红》，见《怀念萧红》，黑龙江人民出版社，1981年版，第49页。

红不玩，躲在西屋看书，"我们找她多次让她跟我们一块玩，她一次也没有玩过"。[1]

　　萧红在小学时成绩一直很好，特别是国文，这不能不说是得益于祖父口授唐诗和大伯的古文辅导。有一次，呼兰下了一夜暴雨，不少地方积水二三尺深，大水冲倒不少房屋和围墙。有一户人家在夜里下暴雨时，大水淹过了炕沿儿上了土炕，丈夫赶紧抱起儿子逃命，不幸滑到大坑里，父子俩都被淹死了。第二天早晨，那个新寡的妇人蓬头垢面地坐在大泥坑边号啕着。国文课上，老师出了一个作文题叫"大雨记"，萧红不仅把滂沱大雨描绘得很生动，而且还写到了大雨给人民造成灾难的惨状，对那家的不幸寄予了深切的同情。作文最后慨叹道："天地如此之大，竟无穷人立足之地啊！"老师高度赞扬了萧红的这篇作文，并把它当作范文在全班讲评。

　　1925年5月，上海日本纱厂监工枪杀中国工人顾正红，市民举行示威游行，又遭英国巡捕开枪镇压，制造了震惊中外的"五卅"惨案。消息传开，全国激愤。哈尔滨各界闻讯而动，纷纷组织"救国会""后援会"。哈尔滨远近各县也燃起反帝怒火，呼兰县成立了"县沪难后援会"，人们上街游行、演讲、

---

[1] 王化钰：《访萧红叔伯妹妹张秀珉老师》，见《萧红研究·萧红身世考》，哈尔滨出版社，2004年版，第44页。

募捐，抵制日货，萧红也投身其中。在呼兰县公署后胡同住着呼兰南大营驻军司令冯万举、县长路克遵、大地主王百川等八户豪门显贵，人称"八大家"。平时老百姓到这儿都绕道走，同学们多不敢到那里去募捐，萧红却主动请缨与同学傅秀兰勇敢地走进"八大家"，从吝啬的太太们手中募捐。7月末，为答谢捐了财物的民众，呼兰县学生联合会在西岗公园兰河俱乐部举行联合义演，演出了反对买卖婚姻的话剧《傲霜枝》，萧红在剧中扮演了一个小姑娘。这是她第一次参加社会活动。这次活动，打开了她的眼界，活跃了她的思想。可以说从那时起，萧红就是一个小小的"社会活动家"了。

八　风波起

　　1926年7月，15岁的萧红高小毕业（当时小学 6 年制：初小 4 年、高小 2 年）。毕业典礼上，萧红很荣耀地作为毕业生代表上台发言。可接下来困扰来了，就是高小毕业后的去向问题。当时小学毕业后的女学生面临这么几种选择：一是去哈尔滨上中学，因为当时呼兰县的中学不招女生；二是去当时的省城齐齐哈尔读女子师范，学杂费全免，家里给点儿零花钱就行了；三是回家找活干或年龄大些的嫁人。其中最时髦的是去哈尔滨上中学，萧红家族中的子弟多如此。萧红也向往着去哈尔滨念书，但她的合理要求遭到了父亲的断然拒绝。父亲虽身在

教育界，当时还是呼兰县立第二初高两级小学的校长，但他并不是完全的新派人物。准确地说，他是一个有重男轻女思想倾向的家长，那个年代这样半新不旧的知识分子还大有人在。他认为女孩子早晚要嫁人，将来能相夫教子就可以了，书读多了也没什么益处。萧红一问起上中学的事，父亲就瞪眼睛，他在地上踱两圈，过半分钟才给个答话："上什么学？上学在家上吧！"于是正处在青春叛逆期的萧红与父亲的关系降到了冰点，她感到父亲仿佛变成了没有一点儿热气的鱼类，或者别的不具有情感的动物。

新学期开学了，萧红争取升学却毫无结果，同班同学没有升学的也就几个，而萧红居然是其中之一！去外地念书的傅秀兰、吴鸿章、李玉梅等同学来信介绍在新城市的见闻、学校开设的课程、学生的业余生活等等，更诱发了萧红求学的热望。同学的来信也传达出对萧红的关切与同情，每次读着这样的来信，她的内心都会掀起波澜。对比一下自己的境遇，她的心情越发沉重，情绪低落的她一天天躺在炕上，用无言对抗着父亲的专制。

这时，继母已怀着第二个孩子，本指望萧红能帮自己一把，分担些家务，却不想萧红是这样的状态，心中也颇不满，难免在张廷举面前有些抱怨。父亲特别恼火，他骂萧红："你懒死了！不要脸的东西！"萧红也实在气急了，顶了一句嘴："什么叫不要脸？谁不要脸！"父亲像火山一样爆发了，一巴掌打下来，萧红倒在了地上。等萧红爬起来，她并没有哭、没有喊，而是怒视着父亲。就在那一刻，父亲有些不知所措了，他感到自己的权威受了挫，也是从那一刻起，父亲总想要恢复他的父权。他每逢下班回家，一走到花墙处总要咳嗽几声，并没有痰，只是表示威严罢了。

萧红什么心情也没有，茶不思饭不想，慢慢地她病倒了。这可急坏了老祖父，他不忍心看见大孙女郁郁寡欢。"叫荣华上学去吧！给她拿火车费，叫她收拾收拾起身吧！小心病坏了！"祖父拄着拐杖，仰着脸，颤动着白胡子央求父亲。"荣华"是萧红的乳名，是祖父给起的。她后来有了弟弟，就叫"富贵"，都是吉祥的名字。"有病在家养病吧，上什么学，上学！"父亲气哼哼地说。

正月里，萧红的大伯父张廷蕙来呼兰了。萧红的这位大伯父是张氏家族中兴之人，在家族中威信很高，《东昌张氏宗谱书》记述他："幼年读书，颇有心得，仪容端方，举止庄严，身体魁伟，望之凛凛焉。喜围猎，爱枪马，尤长于管弦之属。非风尘中人，实山林逸者，视宦途如河海。尚义侠之举。"张廷蕙比张廷举大六岁，因为张廷举一直在外做官，张廷蕙便经常到呼兰替弟弟管家，可以说他当了弟弟一半的家。大伯一向疼爱萧红，萧红小时候，大伯来呼兰时常带榛子给她吃，讲故事给她听，还买小人书给她看。萧红稍大一些，大伯又给她辅导古文。萧红自述道："……等我入高级，他开始给我讲古文了！有时族中的哥哥弟弟们都唤来，他讲给我们听，可是书讲完他们临去的时候，伯父总是说：'别看你们是男孩子，樱花比你们全强，真聪明。'"（《镀金的学说》）萧红非常尊敬大伯，她感到大伯说起话来声音洪亮，句句关乎正理，至少在那个时候萧红觉得他说话是千真万确的，他曾是童年时的萧红唯一崇拜的人。大伯的到来，让萧红感到去哈尔滨念书的事儿有了一线希望。

大伯有半年没到呼兰了，这次他从外地做买卖刚回来，张廷举借此大宴族人。张家是个大家族，家族聚会很热闹，可面对满桌子的好吃喝，萧红却一点儿胃口也没有，她病恹恹地不动筷儿。外祖母心疼她，向大伯求情道："他伯伯，向荣华爸爸说一声，孩子病坏了，叫她上学去吧！"一向疼爱萧红的大伯竟完全站在父亲的立场上："不用上学，家里请个先生念念书就够了！哈尔滨的女学生们太荒唐。女学生们靠不住，交男朋友啦，恋爱啦，我看不惯这些。"看来，这才是父辈们反对萧红去哈尔滨念书的真正原因：他们怕从小失去母亲、一向任性的萧红，在洋气十足的大都市里迷失自己，做出"伤风败俗"的事来。并且据经验，女子读书越多，就越不好管教，一旦被自由恋爱的风气带坏，可就自毁了婚姻前程。

这期间，只要亲戚朋友一提到萧红上学的事，父亲就话也不搭，在地上划圈，说多了他干脆走出屋子到院子里转圈子。萧红在家里辍学了一年，也苦挨苦斗了一年，后来事情终于有了转机。这还得从萧红高小时的同学田慎如说起。

田慎如是萧红那个班的班长，不仅聪明、泼辣，人长得也漂亮，可正是因为漂亮惹出了祸端。她本来已经考取了齐齐哈尔女子师范，却被当时的呼兰教育局局长王锡三看上了，非要娶她做小妾不可。田慎如的父亲是开木匠铺的，胆小怕事，媒人一出门，他就写信给女儿，说她母亲病重，让她马上回来。田慎如风风火火地赶回家，一听是这事儿，可气蒙了。她跑到王锡三家门前把王锡三骂了一通。知道自己娶田慎如无望，王锡三怀恨在心，他想借刀杀人，于是他又鼓动县长娶田慎如。县长差人去田家说媒，结果也被田慎如骂了出来。这样一来，田慎如的父亲慌了："你把局长、县长都骂了，我这铺子可怎么开呀！"哪知田慎如竟毅然决然地说："不用怕，我不连累你，我出家去！"田慎如对这个社会彻底绝望了，她真的到呼兰天主教堂做了修女。社会的病态、官场的荒唐就这样断送了田慎如美好的青春。

　　萧红同情田慎如的遭遇，也佩服她的勇敢，但并不赞成她去做修女。不过，这件事给萧红一个启发，她放出风去，父亲要是不让她上中学，她就到教堂去当修女！这一招真灵，风言风语传到张家，祖父先跟父亲急了，他说萧红要是去当修女，他就死给张廷举看。张廷举有些吃不住劲了：学校校长家的大小姐，竟因不能读书而要去教堂当"洋姑子"，无论从张廷举的脸面，还是从家族的荣誉来考虑，都是过不去的。张廷举权衡再三，终于在女儿上学的问题上妥协了，萧红在这场持久战中取得了最后的胜利。后来，她还不无得意地说："当年，我升学了，那不是什么人帮助我，是我自己向家庭施行的骗术。"（《镀金的学说》）

　　有人说，人生的道路有许多十字街口，但要紧的选择就那么几步。16岁的萧红带着荣耀、带着兴奋就要离开家乡呼兰到哈尔滨求学去了，这将是萧红人生旅途的关键的一步。

呼兰天主教堂与教会楼（摄于1937年）

　　呼兰天主教堂建于清光绪三十四年（1908）。教堂整体建筑为青砖灰瓦的土木结构，是一座平顶双塔式钟楼的哥特式建筑，外观与巴黎圣母院的教堂有些相似。教堂西侧的教会楼是巴洛克式建筑。当年教堂的大钟每天早晚敲一次，钟声响彻全城，萧红就是听着教堂的钟声长大的

第二章
松花江畔

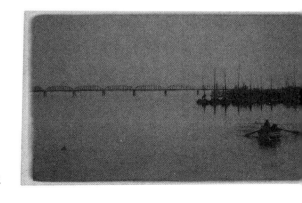

哈尔滨风光旖旎的松花江

一 菁菁校园

有中、英、俄、日四种文字招牌的哈尔滨亚细亚电影院

　　1927年秋，萧红顺利考取了哈尔滨东省特别区第一学区区立第一女子中学校，就是当年闻名的"东特女一中"。在当时，女孩子能上中学是稀少的，更何况考取的是大都市的一所名校。萧红来了，迟来了，但她毕竟来了！哈尔滨在萧红的眼中，处处都是新的、大的、美的，它在少女时代的萧红面前展开了另一片天地……

　　东特女一中的前身是私立从德女子中学，是在东省特别区市政管理局局长马忠骏的夫人刘秀颖的倡导下于1924年9月1日创办的。学校设有董事会，首席董事是东省特别区教育厅厅长傅义年，学校的各种经费都由校董事会来筹措。从德女中的校名，源于中国封建社会约束女子行为的"三从四德"准则，但该女中只是取儒家"育才"之名，却是一所新型的现代中学。从德女中1926年8月归属东省特别区教育厅管理后，才改名为"东省特别区第一学区区立第一女子中学校"的。

东特女一中虽然位于市中心南岗区较为繁华的地段，却偏能闹中取静，环境幽雅。两层黄色的教学楼掩映在一排大榆树间，而操场的四周则环绕着高高的白杨树，领操台的后面还有两行柳树。在教学楼的地下一层还设有风雨操场，这是哈尔滨其他学校少见的。东特女一中分为初中部和高中部，学生有走读的，也有寄宿的。走读生与寄宿生各半，学校备有宿舍和食堂。

校长孔焕书是一位年近三十岁的独身女性，毕业于吉林省立女子师范学校。她治校严格，颇有办学能力。孔校长非常重视师资建设，她广揽英才，聘请了一批富有学识、思想新锐的老师。东特女一中的三十余名教员中，地理老师楚图南毕业于北京高等师范学校（北师大前身），历史老师姜寿山毕业于北京大学，体育老师黄树芳毕业于上海两江女子体专，美术老师高仰山毕业于上海美专……更加难得的是，这些老师有好些都多才多艺：体育老师黄树芳还擅长音乐，东特女一中校歌就是她谱的曲；美术老师高仰山还爱好文学，经常指导学生阅读课外文学作品；楚图南更是文、史、地兼长，知识渊博，思想活跃，讲课风趣……这些老师多深得学生的爱戴。

正是因为有一位颇具能力的校长，有一些高素质的教师，东特女一中培养出一批有才华、有建树的中国杰出女性，其中最出名的就是萧红，以至于这所中学后来以萧红的名字命名，改名为"萧红中学"。

东特女一中的班级序号不是按年组编的，而是全校统一排序，萧红被编在四班。萧红坐在最后一排，和她坐在一排的沈玉贤是全校个子最高的，她爱动，尤其爱打篮球，她们很快成了好朋友。萧红还有一个好朋友，那就是坐在第一排的"小不点儿"徐淑娟。徐淑娟是江苏常熟人，因为她的父亲在哈尔滨工作，全家来到了北方。她最淘气，老师上课时她也会情不自禁地回过头去，看向她的好朋友，莞尔微笑。上晚自习时，她也会找个借口从第一排跑到最后一排去，坐在萧红旁边，看她写字、画画，或者和她说悄悄话。这都是森严的校规所不容许的。老师似乎对她特别宽容，大概是因为她年龄特别小，而成绩又比较好的缘故。

萧红的中学同学回忆说："张乃莹中等身材，圆圆的脸，浓浓的黑头发，两个很粗很粗的大辫子……白皙的脸上，有一双明亮的大眼睛，她很沉静，平时不太爱说话。"[1]萧红虽然外表"沉静"，但内心却是个不"安分"的学生。讲公民课的于老师总是照本宣科，他讲课同学们就想睡觉。有一次，坐在最前排的一个学生睡着了，而且睡觉的还不止一个。于老师一下子火了，他咆哮着："我讲公民课，你们不爱听；我讲'妈妈好糊涂'，你们就爱听了！"这下犯了学生的众怒，因为《妈妈好糊涂》这首民歌唱的是姑娘埋怨妈妈不给她找婆家。大家认为老师这是侮辱学生，于是决定报复他一下。在他再来上课之前，在黑板上写下："何谓'妈妈好糊涂'？"为了不让于老师看出笔迹，萧红提议一人写一笔。于老师来了，看到黑板上的字很恼火，又问不出是谁写的，便气呼呼地把训育主任找来。这件事几乎闹成学潮，后经训育主任调解，才平息下去。

学校除了文化课外，还要兼习女红。教刺绣的教员因为年龄大一些，又总爱叨叨咕咕地训诫学生，因此得了个"老母鸡"的外号。那"老母鸡"又开始训诫了："什么是我们女人的责任呢？就是嫁了丈夫，应该讨得他的喜欢；有了孩子就得会做娘；还要温文尔雅，孝敬公婆，讨全家人的喜欢……你们不要小瞧了这刺绣呀，这是发展女人天才的大道理……女人不同于

[1] 刘俊民口述，何宏整理：《我的同学萧红》，见《萧红研究》第一辑，哈尔滨出版社，1993年版，第20页。

男人……""真是奴心不死！"有的同学在下面嘀咕道，引得周围的同学一阵窃笑。"谁说什么？""老母鸡"要调查出始作俑者，可她怎么能问出所以然来？看着"老母鸡"在学生间跑来跑去的样子，学生们兴奋起来，大声说笑着，整个课堂闹成一片。最后"老母鸡"还是把训育主任找来，把学生狠狠地训斥了一顿。此后同学们在女红课上不敢胡闹了，不过，"老母鸡"在课上也不总是"丈夫""婆婆"的了。

萧红是胆大有主意的女生。有一天，她与沈玉贤、徐淑娟相约划船去太阳岛玩，来到松花江边，都不大会划船的她们却非要自己划，硬是把船工劝走了。去的时候顺风顺水，她们不是很困难地就上了岛。回来的时候天色已晚，她们也有些累了，又是逆风逆水，小船干划不动，老在打转。松花江很宽，水流很急，真是急坏她们了。但三个姑娘咬紧牙关拼命划，总算把船划回来了。到了岸上，一看手上尽是血泡，有的血泡破了，血肉模糊了。沈玉贤和徐淑娟都有些后怕，萧红却很兴奋，觉得非常痛快。这些处于青春期的女孩子真的挺能"作"。

东特女一中门禁森严是出了名的，在哈尔滨的所有学校中无出其右者。比如说：除节假日外，学生不许外出；不许学生随便会客，特别不许与男子接触，只有经家长证明确是女学生未婚夫的，校方才允许来往；外面打来电话找学生，不许学生自己接，一律由校役接完后转告；学生凡有来信，除未婚夫的来信外，都要由校方拆开检查……对这些规定，赞成者有之，反对者亦有之。校方认为这是关爱学生，是对学生、家长和社会的负责。当然，绝大多数家长也赞成，认为学校管理严格、有方，这样的学校让家长放心。然而，学生对这种事事加以管束、处处加以防范的做法就非常不满了，认为学校守旧、专制，整个就像一个"密封罐头"。

学生们对学校里的一些"清规戒律"反感，有时就采取行动故意捣乱。比方说，学校明文规定不准学生看社会流行的期刊、作品，但学生中间就有不少这样的读物，而且互相传阅。学生们还私下里给她们不喜欢的老师起外号，就连那个为学校殚精竭虑的孔焕书校长也未能幸免，得了一个"孔大包牙"的外号，因为她长着两颗像苞米粒一样的大门牙。谁让她不苟言笑，对学生严厉呢？遇到处在青春期、叛逆期的学生，那也是避免不了的。

闹归闹，淘归淘，萧红功课却一点儿也没耽误，并且她大大发展了对国文和美术的兴趣。这也得益于国文老师王荫芬和美术老师高仰山，这两位老师对萧红的影响最大。

王荫芬老师把白话文带进课堂，此前学生读的都是文言文，连作文都须用文言。王老师还是鲁迅作品的爱好者，他向学生推荐鲁迅的文章。在王老师的影响下，萧红阅读了鲁迅的《野草》《呐喊》等作品，也阅读了其他一些进步作品。萧红看书入迷，上课时也常常捧着小说偷偷地读。有时老师走到身边，她还不知道，于是小说被没收了，她被批一通。就这样，她差不多把学校的图书都读遍了，还和同学们交换着读物，一起谈论，一起争辩。她经常是静静地倾听别人说话，偶尔谁发表个"怪论"时，她便迅速地将头转向她，她那剪得齐齐整整的乌黑的短发也会猛地一甩，大眼睛便紧紧地注视着那位怪论的发表者。有时候，她也会毫无忌讳地谈自己的想法，要是说话说累了，她还会将下巴支在徐淑娟的头顶上休息。有时她们还像做游戏一样轮流着背一些篇章或妙句，徐淑娟朗诵起鲁迅的《秋夜》：

东特女一中师生春游出行时在火车站留影，前排中立者是校长孔焕书

054

"在我的后园，可以看见墙外有两株树，一株是枣树……"萧红马上接道："还有一株也是枣树。"两人相视，会心地笑了起来。

从喜欢阅读，到爱好写作，这是再自然不过的事了。东特女一中曾组织全校的学生到吉林春游，这群女孩子大多没有出过哈尔滨，没看过山，听说去吉林可以爬山，每个人都很兴奋。旅游归来，萧红在校刊上发表了组诗《吉林之游》，署名"悄吟"，这组充满新鲜体验的诗可算是萧红的习作了。

美术老师高仰山教学认真、系统，在他的指导下，萧红经过了素描、水彩、油画的严格训练。高老师还把喜欢画画的萧红吸纳入学校的画会，对画会的会员做特殊指导。每到假日，画会会员就带上食物，背起画夹到松花江两岸去写生。萧红陶醉于她自幼热爱的北国风光里，做着当个女画家的梦。高仰山在上海美专的时候，校长刘海粟亲自任教。高仰山是绘画大师刘海粟的弟子，那么萧红这个刘海粟的"再传弟子"，也算得到一定的"真传"了。

萧红学画很有成绩。毕业前高仰山老师给学生们布置了最后一次作业，他在画室里布置了好几组静物，同学们纷纷选择自己爱好的题材，寻找最佳的角度，占据有利位置，各显身手。萧红却跑出教室，向老更夫借了一支黑杆的短烟袋和一个黑布的烟袋荷包，又找来一块褐色的石头。她把烟袋和烟袋荷包摆在石头上，专心致志地画了起来。同学不解地问萧红为什么画这个。萧红说："劳动者干活累了，坐下来抽袋烟，休息一会儿。"高老师很欣赏萧红的创意，还特意为她的这幅画题名为《劳动者的恩物》。萧红画中取的是很平凡的东西，却构思独特，流动着情感，蕴含着思想，讴歌了卑贱的生命，具有鲜明的正义感和现实色彩。在不久后举办的学校毕业生的美术作品展上，萧红的这幅《劳动者的恩物》很引人注目，受到了老师和同学们的赞赏。

美术的爱好与熏陶对萧红日后从事文学创作有很大益处。是美术培养了她的观察力、想象力、创造力，她能写出那么多富有诗情画意的文字，与她的美术修养是分不开的。艺术是相通的，尤其是绘画与文学，历来好些文学家本身又是画家："诗中有画""画中有诗"的王维、"诗画本一律，天工与清新"的苏轼、以梅为友的王冕、风流倜傥的唐伯虎、难得糊涂的郑板桥……莫不如此。

萧红在绘画之余，还向高仰山学习篆刻和书法。她对郑板桥的书法特别感兴趣，常常着眼整篇安排疏密，课余时就写着玩儿。此外，爱好文学的高老师对萧红的课外阅读还有过切实的指导。由于徐淑娟国文好，她便成了全班写恋爱信的"大秘书"，除了萧红外，全班同学凡给未婚夫写信的，几乎都来请她"润色"或"审稿"。她曾经自豪地说过，如果她毕业了，没有事做，就到邮局门口去摆个代写书信的小摊子，保证饿不死。因为要写恋爱信，张资平、叶灵凤的小说也看了不少，萧红、沈玉贤也跟着看了些。这些情况终于被高仰山老师知道了，他就叫她们不要去看那些负面的东西，并介绍中外名著给她们看，这样她们读了易卜生的《娜拉》、鲁迅的《伤逝》、郁达夫的《春风沉醉的晚上》等不少作品。大量地阅读时下的书，接触"五四"以来的新思想，让萧红大大开阔了视野，增长了见识，对她在校参加爱国学生运动、反抗包办婚姻而出走以及日后从事文学创作起了不小的作用。

二　做个完全人

　　蔡元培先生 1919 年任北京大学校长期间在《教育之对待的发展》一文中提出"完全人格，首在体育"的理念。他说："盖群性与个性的发展，相反而适以相成，是今日之完全人格，亦即新教育之标准也。"而在"完全人格"中，蔡元培将体育置于首位，他说："凡道德以修己为本，而修己之道，又以体育为本。忠孝，人伦之大道也，非健康之本，无以行之。""于国家也亦然……一切道德殆皆非羸弱之人所能实行者，苟欲实践道德宣力国家，以尽人生之天职，其必自体育始矣！"在蔡元培的倡导下，北大的体育开展得红红火火。北大是新文化策源地，有着明显的示范作用，蔡元培又是极具影响的教育家，所以国内教育界加强了对体育的重视。

　　作为一所现代中学，东特女一中也很重视体育。学校体育设施较多，有个很大的操场，冬天泼上水，就成了天然冰场。田径运动场的边上还有篮球场地，另设有秋千架、爬竹靠竿架、荡船等运动器械。尤其令人羡慕的是，在教学楼地下一层的"风雨操场"，体育课风雨不误，遇到坏天气就在地下一层上课，很少有学校能做到这一点。

东特女一中每年都开运动会，有时也去南岗体育场或道里体育场参加市运动会，如果谁在运动会上取得了好成绩，学校会给予特别的嘉奖。东特女一中的田径、篮球、网球、舞蹈操、划船等都是体育课的常设项目。体育老师黄树芳毕业于上海两江女子体专，教学得法，善于发现人才、培养人才，东特女一中田径的"五虎将"就是黄树芳发现和培养出来的。这"五虎将"是孙桂云、刘静贞、吴梅仙、萧淑苓、王渊，她们经常代表学校参加全国性运动会，拿了很多冠军。

张学良主政东北后提倡开展体育运动，1929年5月11日在马家沟第二体育场举行了东省特别区第一次学校运动会，张学良亲任运动会名誉总裁，东省特别区行政长官张焕相为名誉会长，教育厅厅长张国忱为会长。在这次运动会上，东特女一中的"五虎将"第一次引起了人们的注意，特别是萧红的同届同学孙桂云，获女子个人总分第一名。同年5月31日到6月2日，在沈阳举行的第十四届华北运动会上，东特女一中以绝对优势荣获女子初级组田径团体总分第一名。孙桂云荣获田径个人总分第一名，震动了整个大会，她成为最早为哈尔滨争得荣誉的女运动员。1930年4月，在杭州召开的"第四届全国运动会"上，刘长春（中国奥运第一人）和孙桂云分获男女百米冠军，两人绕场一周向观众挥手致意，全场掌声雷动。孙桂云风头极健，她得了四块金牌，其中的女子50米、100米短跑全国纪录保持了二十多年，直到1949年之后才被打破。在这次全运会上，孙桂云以个人总分第一名的成绩荣获那一届的"全运之花"的美誉，同时她与刘静贞、吴梅仙、萧淑苓、王渊被戴上"哈尔滨五虎将"的桂冠。张学良还向取得男女田径冠军的辽宁男队和哈尔滨女队致电祝贺。运动会后"五虎将"从杭州返哈路过沈阳时，张学良和夫人于凤至特别在北陵别墅设宴款待。

在1929年到1930年间，东特女一中因为这"五虎将"可是出尽了风头。体育，让东特女一中声名远扬，也让一些新的信息和思想传了进来，东特女一中这"密封罐头"竟被打开了。比方说，"五虎将"出名后，全国各地的贺信如雪片飞来，学校再也没办法按规定检查这些信件了，于是私拆学生信件的情况算是"寿终正寝"了；再比方说，"五虎将"剪的都是便于运动的短发，引得许多同学剪去了辫子。萧红就是其中的一个，她听说留辫子意味着封建，二话没说就把自己又粗又长的辫子剪掉了，梳成干练的短发。萧红从哈尔滨回家，她竟是呼兰县里第一个剪掉长辫子、梳起短发的年轻女子。那时候呼兰的姑娘要扎一条长辫子，穿着拖到脚面的旗袍，走起路来必须是步履珊珊，否则就是不懂规矩，缺少教养。人们用异样的眼光看着萧红，发出种种议论，萧红却示威似的穿起了白褂黑裙、白袜青布鞋，英姿飒爽地从南街走到北街，从东街走到西街。在萧红的带动下，呼兰不少姑娘都剪成了短发，纷纷加入了"示威"的行列。很快，街上流行起女子剪短发，那些留辫子的反倒觉得自己别扭，不够新潮，不够时尚。

由体育老师黄树芳谱曲的东特女一中校歌唱道：

从德兮，松江滨，

广厦宏开，气象新，

学子莘莘，

先生谆谆。

莫道女儿身，

亦是国家民，

养成了勤朴敏捷高尚德，

方为一个完全人。

校歌中彰显出新式办学理念，传达出培养女性做"完全人"的理想。而要做个"完全人"，除了注重体育以便"文明其精神，野蛮其体魄"外，也不能做只顾个人利益的"自了汉"，还须参与社会活动，做一个有益于社会和他人的人。

1928年5月，在东北主政的奉系军阀张作霖与日本签订了在东北及内蒙古境内修筑五条铁路的协定，消息传出，全国谴责。地处北满铁路中心的哈尔滨更是群情激愤，人们纷纷集会，发出通电，呼吁拒绝日方无理要求。6月4日，日本关东军在沈阳制造了皇姑屯事件后，趁张作霖被炸死、张学良刚上台地位不稳固的时机，进一步胁迫东北地方当局实施"满蒙新五路密约"。11月3日哈尔滨各界组成"市民抗路联合会"，呼吁"唤起舆论，援助政府，保持路权，排除外人侵略"，愤怒声讨日本欲"亡我满洲"的新罪行。11月4日，全市大中学校代表在市第一中学集会，成立"哈尔滨学生维持路权联合会"，要求各校派出代表。东特女一中的孔校长是不想让本校的女学生出校门冒险的，但迫于形势又不得不派代表，于是她指定了徐淑娟作为代表，原因是她年龄小、单纯、听老师的话，不至于受那些人的"煽动"。孔校长把她叫到办公室，对她说："你去学联，什么话都不要说，只是听，每天向我报告。"徐淑娟到了学联后，因为年龄小、个子矮，大家都叫她"小尕子"，把她当小孩子看待。

11月8日，学生代表再次在市一中集会，决定举行全市更大规模的罢课、游行。这天上午，萧红在二楼的教室上英文课，正在写板书的马梦熊老师忽然停下了，因为外面传来一阵嘈杂声。同学们扒窗向外看时，见到从紧闭的校门外跳进几个男学生，他们把门打开后，其他学生一拥而入。很快，楼下的走廊里也乱起来。东特女一中环境幽雅，校风严谨，又都是女生，从来不曾这样喧闹过。课是上不成了，等萧红随大家走下楼梯的时候，见童子军已冲进校长室，校长室里也闹哄哄的了。他们对孔校长不执行学联罢课的决定很愤怒，"我们就是钢铁，我们就是熔炉……""走！跟着走！"的口号声、呼唤声此起彼伏。

萧红看到被拖在两个童子军中间的孔校长脸色发青，眼中闪动着恐惧的光。很快，孔校长妥协了，同意学生们出校游行。童子军开始进各个教室搜人，连厕所也不放过。当全校四百多学生在大操场上列队的时候，孔校长恢复了常态，她训诫道："你们跟他们去吧，要守秩序，不能破格……不能和那些男学生那样野蛮，你们要有教养，……你们知道你们是女学生吗？记得住吗？是女学生！"

队伍出发了。出了校门萧红才见到大、中、小学校的学生有几千人，正浩浩荡荡地进发。到了位于新买卖街与花园街交界处的日本驻哈尔滨总领事馆，他们向领事馆的红楼挥动着小旗，喊着口号。一个穿和服的女人打开门，好奇地到阳台上看个究竟。于是那"打倒日本帝国主义"的喊声临时改作"就打倒你"。那女人立刻慌张地抽身回去了，留下红楼悄无声息地立在那里，太阳旗在楼顶懒懒地飘动……

萧红随着队伍又到东省特别区行政长官公署请愿，然后转向道里外交特派员兼滨江道尹蔡运升的官邸，要求他出来答复学生，但蔡运升早吓得从后门逃走。学生们在寒风中一直等到天黑，也不见"道尹大人"出面。最后决定解散，第二天继续游行。

就在这天，吉林省公署电示的"查禁学潮办法"称：日来省立各校学生迭次发生"轨外行动"，"挟众"捣毁省立一中，"胁迫"女师、女中学生出校，毓文学生驱逐学监，"蛊惑"工商罢市、捐款等，"业将该首事人等看管，听候严究法办"。已责成各校长对职教员及学生中主谋者开列姓名"呈候核办"，对"附和者立予开除"，并将学生联合会、职教员会等"即日解散"。倘再发生此种事件，"定惟该职教员等是问"，滨江道及其各县应"一体遵办"。当时的哈尔滨是"三权鼎立"：南岗、道里、马家沟属东省特别区；道外属吉林省的滨江县；江北马家船口归老黑龙江省。而这三方又互有矛盾，常现摩擦。在这种情况下，东省特别区行政长官张焕相告诫学生"可以在特区范围内活动，千万不要去道外"。

11月9日早晨，东特女一中的学生没用动员便自动出发了。她们先来到南岗下坎二中对面广场上集会。学生联合会主席张佳相在发表演讲，他架着一副眼镜，很大的头，头发在雪花中飞扬着，手里拿着一个银灰色的大喇叭筒，慷慨激昂地力陈日本修建"五路"的危害，比如：若完成了"五路"，就可以经过高丽向东三省进兵，也就是二十几小时，就可以把大批军队运入东三省，就可以灭我们的东三省，等等。

简短有力的演讲之后，队伍准备出发，这时张焕相派人再三劝阻学生不要去道外，学联代表不予理睬，准备按原计划行动。组织宣传队的时候，别人都是被推举的，萧红则是自告奋勇地站了过去。她戴上了袖标，挥动着小旗，领着大家喊口号。

游行队伍出发了，最前面的学生高举着"哈尔滨学生保持路权联合会"的大旗，游行队伍八人一排，人人手持小旗，浩浩荡荡地向道外进发了。当大队开到西门脸（今靖宇街新闻电影院），准备进入道外的滨江县管界的时候，大批荷枪实弹的宪兵和警察封锁了前进的道路。

前面的学生已经站住，走在队伍中间的宣传队也站住。学联代表据理力争，要求进入道外，但遭到警察的拒绝。学联代表们在队伍的旁边跑来跑去，张佳相手里提着大喇叭筒从萧红身旁经过，不时地拿起喇叭喊话。

"诸位同学，我们是不是有血性的青年？我们愿不愿意我们的老百姓给日本帝国主义做奴才？"因为激动，他跳跃着向后去了，他把喇叭向着天空，发出牛鸣一样的声音，"我们有决心没有？我们怕不怕死？"

"不怕！"学生群情激奋。

喇叭声向队尾响去，但那声音还震动着萧红的心房似的。萧红感到严峻的时刻要到了，她低头看看自己被踩脏了的鞋尖，又整理一下帽子，摸了摸帽顶的绒球。她庆幸自己没有戴围巾，没有穿外套，这样便可以轻装上阵了。

张佳相拿着大喇叭又跑到队前，萧红知道这回该冲了。后面的人开始往前挤，萧红感到自己的前胸受到了压迫，并没有迈步就自然地向前移动了，并且耳边响着浊重的、沉闷的声音。

这时，滨江县知事李科元、滨江警察厅长高齐栋，下令逮捕学生代表，解散游行队伍。学生们一声呐喊一拥而上，与军警展开了搏斗。两个昏官竟下令开枪，虽然子弹是朝天上打的，但游行队伍稍后些的人并不知道是怎么回事。枪声一响，队伍大乱，前后冲撞，有的还被挤进阴沟里，造成了严重的踩踏事件。

队伍又重新组织起来，喇叭发着号令，警察再次放了排枪。这时人们的口号不再是"打倒日本帝国主义""反对日本修建吉敦铁路"，而变成了"打倒滨江县政府"，后来就只喊"打倒警察！打倒警察！"萧红也跟着喊，她的传单早被挤丢了，只有小旗还在手里。

滨江县警察开枪后，东省特别区行政长官张焕相立即调派三汽车荷枪实弹的警官生赶到现场。滨江县警察见势不妙，赶紧撤离。在一片"打倒卖国贼""活捉杀人犯"的呼喊中，两个昏官在卫兵的掩护下侥幸逃脱，他们来时乘坐的汽车却被学生们掀翻砸烂。这样，经过两个多小时的相持和搏斗后，游行队伍进入了道外。学生们抬着重伤的，扶着轻伤的，气势磅礴地行进在正阳街上，闹市区市民则鸣放鞭炮，热烈鼓掌，以示支持和欢迎。

街灯亮起来的时候，萧红走在回学校的路上。她想追赶女中的队伍，但没有赶上，也许女中的队伍早就散了。三三两两的学生从她身边经过，来来往往的马车响在石头路上。萧红拿着卷起的小旗走着，她看到自己的影子出现在商店的玻璃窗上，她每走一步帽顶的绒球就跳动一下，于是庆幸起在那么混乱的情形下自己的帽子竟没有被挤丢。

10日，《国际协报》《哈尔滨晨光》等报纸对"一一·九"事件做了报道，舆论大多谴责了军警弹压爱国学生运动的行径。特别是《哈尔滨晨光》，开辟了专栏，连续报道学生游行的详细情况，公布受伤学生名单，发表社论，声援学生。齐齐哈尔、绥化、安达、巴彦、宁安、依兰等地的青年学生也都纷纷组织起来，进行了"抗路"斗争。东三省旅平铁路大学同乡会发表拒日筑路的宣言，称："吾辈为国权计，为领土计，奋不顾身，誓死力争。宁血满龙江，尸积白山，而路权决不少让！"12日，刚刚继任的东北三省地方行政长官张学良亲自到医院慰问了受伤学生，并派人携专款到各学校调查，赔偿学生的损失。

这次事件中，学生重伤8人，轻伤140多人，东特女一中也有十多人受伤。在这些伤员中，被打伤的很少，多数是被踩伤的。学生有43人入院治疗，但其中有的学生受伤本来不重，也都说得很重。特别是医专（哈医大的前身）的学生会包扎，伤不太重的也缠上很多绷带，本来他们还是有说有笑的，新闻记者来拍照，就马上躺下，闭上眼睛，假装伤势很重。说丢了衣服的也有，说丢手表的也有，结果官方也都给赔了。

事件发生后，吉林省省长训令滨江道尹，处分了"领导不力"的地方官员，将滨江县知事李科元、滨江警察厅长高齐栋各记过一次。同时，张学良明确拒绝日本修建"五路"。哈尔滨的"一一·九"运动以学生的胜利告终。

还有一事让萧红难忘——她见证了"中东路事件"。1929年7月的一个晚上，东特女一中按例跑操。学校管理规范，作息严格，每晚九点都要出操，一般是从大直街东段跑到吉林街，然后再原路折回来。几百人的队伍跑到吉林街口的时候，发现前方已戒严，街口停着好几辆军队的卡车，行人必须经检查才能通过。萧红看到吉林街52号的苏联驻哈尔滨领事馆办公地有些异样：领事馆楼顶那个圆形的闪着"CCCP"几个俄文字母的灯箱不见了，所有的楼窗也都漆黑一片，领事馆门前的卫兵也没有了。从门口进进出出的人们忙乱着，他们的手电不时地四处扫着。原来，萧红她们看到的正是"中东路事件"的开端。

1929年7月10日，张学良按国民政府的密令，解除了中东铁路局苏联方面的局长、副局长职务，解散了苏联职工联合会，收回中东铁路电报电话权，中断全线通信，并封闭苏方设在哈尔滨及中东路沿线的商务机构，逮捕苏方职员二百余人。这就是所谓的"中东路事件"。事件发生后，苏联政府提出严重抗议，接着于7月18日宣布与中国断绝外交关系，同时发出最后通牒，随即发生武装冲突。随着事态的发展，武装冲突不断扩大。

1929年11月，就在"中东路事件"发生四个月后，中苏边境爆发战争。这期间，哈尔滨学生联合会组织了"佩花大会"。所谓"佩花大会"是一种募捐形式，就是把纸叠的"光荣花"献给路人，而得到花的人捐款以示"爱国"。东特女一中的学生在孔校长的带领下叠了许多"光荣花"，并且与外校的学生一道，分成小组走上街头给人"佩花"。萧红和刘俊民不仅同寝，而且是前后桌，所以很多活动都在一起。这次"佩花大会"

活动中两个人还在一组，她俩与哈三中的两个男学生分在了一个小队。萧红总是跑在前头，跑得头顶上冒着气，红围巾上了白霜，手套竟也跑丢了一只。以至于小队的同学都说："你太热心啦，你看你的帽子已经被汗湿透啦！"称赞她"热情""最爱国"。

在这次"佩花大会"后，还发生了一件有趣儿的事，就是与萧红同一小队的哈三中的一个男生给她寄来一封信，说她勇敢，说她可钦佩，这样的女子他从前没有见过……之后是要和她交朋友。萧红不过一笑置之。

"一一·九"运动游行队伍的前列

三　走出荒凉的家

萧红读初二的时候，发生了两件大事：一是家里给她订了婚，一是祖父的死。

萧红的未婚夫汪恩甲毕业于吉林省省立第三师范学校，是滨江县三育小学的教员，家住哈尔滨市顾乡屯。汪恩甲大萧红两岁，据与萧红年龄相仿的小姨梁静芝晚年回忆，汪恩甲"也算相貌堂堂"的年轻人。两人刚认识时关系还不错，据萧红的中学同学回忆，汪恩甲几次来学校找过她。星期天她也常常不回呼兰自己的家，而是到汪家去玩。汪恩甲父亲去世时，她还去吊孝。后来，萧红在与汪恩甲的接触中发现他有吸鸦片的恶习，几次劝他不听，渐渐地讨厌他了。于是，萧红产生了悔婚的念头，她曾对室友说："我为什么要嫁给一个大烟鬼呢？"萧红读高小时的同学陈瑞玉的婆婆就是个大烟鬼，陈瑞玉每天要侍奉婆婆抽大烟到后半夜，熬得她面黄肌瘦，再加上丈夫吃喝嫖赌，让她很不遂心，结婚不久就抑郁而死了。萧红对学友的早逝十分惋惜，对抽大烟也是极为反感的。

萧红在哈尔滨念书期间，最放心不下的就是年迈的祖父，她常常在礼拜天坐火车回呼兰看老祖父。祖父在1929年6月7日故去了，享年81岁。家门前，白色的幡杆挑得老高，都高过房山头了。吹鼓手们的喇叭吹着苍凉的调子，马车停在喇叭声中，大门上贴着白对联，院心搭着白色的灵棚，子孙们披麻戴孝。萧红在祖父下葬那天喝了酒，是用祖父的酒杯喝的。喝过酒后，她躺在后花园的玫瑰树下。正是玫瑰花开满枝头的时候，望着那盛开的玫瑰，萧红想起了给祖父草帽插玫瑰花的往事。如今，玫瑰开得正娇艳，萧红也如花儿一样绽放着青春的美丽，却少了祖父……祖母死的时候，萧红觉得自己竟聪明了，因为她随着来吊唁的亲戚家的孩子第一次跑到呼兰河边，也开始跟祖父学诗。现在祖父死了，家荒凉了，她觉得自己长大了，她要到广大的人群中去。没有了祖父那双大手的抚慰，这世界还会有温暖和爱吗？

又是一年毕业季，初中就要毕业的萧红又面临着一次人生的选择。当时，东特女一中初中毕业后大致有这么几个选择：有的升入本校高中或附设的师范班，有的去外地读书，有的回外县找事做或结婚嫁人。萧红的几个最要好的朋友中，沈玉贤要就地升入东特女一中的师范班，刘俊民打算在本校继续读高中，徐淑娟要回江苏省立松江女子中学读高中。老师们很关心同学毕业的去向，英文老师马梦熊问到萧红下一步的打算，萧红说要去北平读高中，因为东特女一中的好几位老师都来自北平，这让萧红心向往之。"我可告诉你，你的性格与别人不一样，你可要特别注意！"马老师立刻警告她。在东特女一中这样的半封闭的学校里，师生差不多是朝夕相处，三年下来，老师对学生的了解，有的甚至超过父母对他们孩子的了解。马老师看得准，更给出了善意的忠告。萧红的性格是与别人不一样，她脾气倔强，富于冒险精神，这让萧红吃尽了苦头，也让她的生活跌宕起伏、丰富多彩。

1930年夏，萧红初中毕业。她要继续求学，而父亲坚决反对，原因是家里计划只等她初中毕业后就完婚。萧红十九岁了，这个年龄谈婚论嫁，在当时来讲是再正常不过的了。举个例子说：萧红刚入中学的时候，班上有四十多个同学，没等到初中毕业就有二十多个辍学嫁人了，剩下的同学也大多有对象。

◁ 萧红在东特女一中的毕业照
照片上的题字"级"，按当时的惯例是指"班级"。东特女一中是全校班级排序的，萧红在第四班，也就是"第四级"，影合念和之辈异级五第级四第中初科商级一第中商校学中子女一第届别特省东◁

萧红到哈尔滨读书后，知识的熏陶，眼界的开阔，参与学生运动的激荡，使她对未来寄托了无限美好的憧憬。她渴望去北平读高中，并想通过到外地求学的方式摆脱汪恩甲，因此与父亲的矛盾激化。萧红是受过五四新思想洗礼的青年，她决定效仿娜拉出走，于是假装同意与汪恩甲结婚，说到哈尔滨去买衣服，从家里拿了一笔钱，不辞而别，跑到北平求学去了。

　　萧红来到北平后，与先期到北平的表哥陆振舜住在西京畿道的一所公寓里。为了上学方便，不久他们又搬到西城二龙坑的一处幽静的小院，萧红与陆振舜各居一室。他们还请了一个当地人照料他们的生活。在北平期间，陆振舜在中国大学读书，而萧红则进入国立北平师范大学附属女子中学（习惯上称"北平女师大附中"）读高一。

　　陆振舜起初在哈尔滨法政大学读书，与当时在东特女一中读书的萧红来往较多，萧红的出走与他有关，也就是说他们商量好的。当时陆振舜在哈尔滨的家里有妻子，他写信给父母，提出要与妻子离婚。当陆家了解到儿子要离婚的原因后，立即让他返回哈尔滨。陆振舜不听，陆家就断了他的经济供给，不再寄钱物给他，迫使他就范，于是两人陷入了经济窘境。转眼到了冬季，北平的冬天也是很冷的，萧红又没带冬装，11月中旬她还穿着单衣上课，冻得瑟瑟发抖。照料他们生活的耿妈实在不忍心看着萧红受冻，就帮她在单衣里面加上一层薄薄的旧棉絮抵挡风寒。这样，陆振舜向家里屈服了。萧红直埋怨陆振舜，但也没办法。自己尽管不愿意回家，但独木难支，也只好作罢。在放寒假后的春节前夕，他们踏上了黯淡的归程，各自灰溜溜地回到家里。从1930年7月，到1931年1月，萧红此次在北平历时半年。

1931年2月末，新学期开学之际，萧红再次从哈尔滨跑到北平，住进了先前的那处小院。上次来北平，她还带着离家的兴奋，而此次却带着几分愁苦、几分无奈。她病倒了，一个星期才好。此时陆振舜尚未到北平，他请学友李洁吾照应在北平的萧红。李洁吾在陆遭到家里经济制裁的时候，竭尽全力援助过他们。半个世纪后，李洁吾在谈起他与萧红的第一次见面时，记忆犹新：

> 到了哈尔滨后的两三天，一天中午，正要吃饭的时候，忽然从外面进来一位女学生样的年轻姑娘，她剪着整整齐齐的短发，大大的眼睛特别有神，穿着白褂青裙，白袜青布鞋，行动敏捷，举止大方……徐伯母上前招呼着她，她也很热情地称呼着徐伯母长、徐伯母短的，看起来这个姑娘并不是"外人"。在她们俩亲热地交谈之后，徐伯母便向我介绍说："这就是陆振舜的表妹——张乃莹。"我一边点着头，一边请她坐下来谈话。

此时，徐伯母邀她一同吃午饭，她却很客气地说：

"吃过了，我已经吃过饭了。"

"那就再少吃一点吧。"徐伯母又让着她。

"好，那就再吃一点儿。"萧红没再推辞，端起碗，我们就边吃边谈起来……她给我的第一面印象确实不错，性格是那样的洒洒脱脱，爽朗而响快。[1]

萧红第二次到北平不久，汪恩甲也追到了北平，而萧红正处在逆境中，只好跟汪恩甲返回东北。3月，北平之春已是杨柳青青，呼兰小城却依然彻骨冰寒。

萧红回呼兰后，不仅受到家人和亲戚的冷遇，也遭到四邻的白眼，处境艰难。当时父亲正在巴彦任职，很少回家，继母怕约束不了她，再闹出什么事来，便在当年春天把家临时迁到阿城县福昌号屯，同萧红的伯父们住在一起。

福昌号是典型的东北地主庄园，屯子被高高的土围子围起，四角有炮台。土围子的外面是深深的壕沟，出入要通过吊桥。在这里萧红看不到新文学书籍，也没有流行的报刊，每天只能和姑姑、婶婶做些家务，像犯了罪一样被管制着，基本上与外界隔绝。而阿城在历史上曾是金代的都城——上京，宋代的徽、钦二宗曾被掳到这里"坐井观天"，遂有"靖康之耻"。而今

---

[1] 李洁吾:《萧红在北京的时候》，见《萧红研究》第一辑，哈尔滨出版社，1993年版，第71—72页。

萧红在福昌号过的竟也是半软禁的生活，多么落寞啊！她的《偶然想起》一诗写道：

> 去年的五月，
>
> 正是我在北平吃青杏的时节，
>
> 今年的五月，
>
> 我生活的痛苦，
>
> 真是有如青杏般地滋味。

这里有对于当初自己幼稚无知的悔恨，也有对于此时闲愁的感慨。去年此时还吃着青杏呢，是说她的天真单纯，也表现了她当时的舒心。今年感受到的痛苦像青杏一样的滋味，真是又酸、又涩、又苦，难以言状。

寂寥的乡村生活也并不是毫无收获，萧红在这里接触到了农民，了解了当时乡村的一些状况。她亲眼目睹了乡下的贫富差距、阶级剥削与阶级矛盾，从而对地主阶级压迫农民的种种情形有了比较清楚的认识，为她后来的文学创作提供了大量的生活素材。《王阿嫂的死》《夜风》《生死场》等小说都是以这里为背景的。这段七个来月的乡村生活，若是从深入体验生活、积累文学素材的角度来说，还真的没有虚度。

"九一八"后，东北农村的经济危机加重，地主为了把危机造成的损失转嫁到农民身上，不断地增加地租，萧红的叔伯们也跟风加租。佃户们本来就承受不了通货膨胀给他们造成的压力，再加租生计就成了问题。萧红仿佛基因里就对穷人有着无限的同情，她恳求在福昌号张氏家族当家的二伯父不要加租。二伯父当时就气炸了，痛骂萧红忤逆长辈，胳膊肘往外拐，还要冲过来打她，把她吓得跑到小婶房里躲了好几天。萧红是一个接受了五四新思想的新式女性，她怎能忍受这样的精神和肉体的双重禁锢？她对这个家、对这个家族彻底绝望了，她决心再度出逃，永不回头。

1931 年初于北平

"北漂"的萧红，剪着短发，穿着男式西装，这是当时女青年所追求的"进步形象"

四　都市流浪者

1931年10月，北大荒已是"草木摇落秋为霜"的季节，萧红在姑、婶的帮助下，偷偷坐上送大白菜的马车，义无反顾地逃离了福昌号屯，逃离了令她伤透了心的家，从此开始了在哈尔滨苦难的流浪生涯。萧红在《永久的憧憬和追求》一文中说：

> 二十岁那年，我就逃出了父亲的家庭。直到现在还是过着流浪的生活。
>
> "长大"是"长大"了，而没有"好"。
>
> 可是从祖父那里，知道了人生除掉了冰冷和憎恶而外，还有温暖和爱。
>
> 所以我就向这"温暖"和"爱"的方面，怀着永久的憧憬和追求。

此次出走，她会走得很远很远，很久很久，很累很累。在大千世界、茫茫人海中若是迷了路，还会有一个好心的洋车夫把她送回家吗？

萧红第二次出走后，她父亲震怒了，宣布与她断绝父女关系，开除她的族籍。萧红在哈尔滨街头流浪时，曾遇到过父亲，父女俩冷眼相对而过。萧红在散文《初冬》中记述道：在一个初冬的早晨，她正在清冷的大街上流浪，遇见了在法政大学读书的堂弟张秀珂（二伯父的长子）。弟弟请她到咖啡屋喝咖啡，再三劝她回家，而她则坚决地说："那样的家，我是不能回去的，我不愿意受和我站在两极端的父亲的豢养……"

萧红在散文《过夜》中还记述道：在一个寒风刺骨的冬夜，流浪的她去姨母家敲门，姨母家全睡下了，没有人来给她开门；又到熟人家，而熟人家已搬迁。萧红只有在寒风里，在黑夜中，在空街上流浪……后来，她被一个不怀好意的老太婆收留。在老太婆家，她见到一个叫"金铃子"的小女孩，这个小女孩遭到老太婆非人的虐待。不仅如此，老太婆还明目张胆地打她的坏主意："金铃子这丫头还不中用……也无怪她，年纪还不到哩！五毛钱谁肯要她呢？要长样没有长样，要人才没有人才！……再过两年我就好了。管她长得猫样狗样，可是她到底是中用了！"当萧红明白这个老太婆是做皮肉生意的之后，赶紧离开了那里。萧红说："我对她并不存着一点感激，虽然在深夜里她给我一个住处，虽然从马路上把我招引到她的家里。"

都市到处是陷阱，萧红躲得过去吗？

1931年11月中旬，就在萧红饥寒交迫的时候，汪恩甲出现在她面前。萧红百般无奈，只好跟汪恩甲住到东兴旅馆（在今哈尔滨道外正阳十六道街），二人开始同居。这时候的萧红，宁愿违反初衷屈就汪恩甲，也决不向父亲低头。

由于萧红的两次出走，汪恩甲的哥哥汪恩厚（汪大澄）已经不同意这门亲事了，汪恩厚是小学校长，在家里当家。他对汪恩甲进行经济制裁。汪恩甲屈从于哥哥，离开了萧红。

这时萧红已经怀孕，她无处可去，只好留在东兴旅馆。他们在东兴旅馆前后住了七个来月，欠下不少食宿费。旅馆老板见汪恩甲不回来了，就开始天天向萧红索债，把她赶到一间小储藏室里住，给她吃些粗劣的饭食，还像对待人质似的终日监视她。其实这时根本用不着监视，萧红也不能跑，因为她明白要是离开旅馆，处境会更加艰难。后来老板甚至要将她卖到离东兴旅馆不远的"圈儿楼"（当时哈尔滨道外妓馆区）去抵债。孤苦无依的萧红再次陷入绝境。

五　结伴而行

　　鲁迅在《娜拉走后怎样》一文中说出走后的娜拉，"或者也实在只有两条路：不是堕落，就是回来"。[1] 在危急的情形下，萧红既没有自暴自弃，走向堕落，也没有向父亲妥协，重回那个家，而是硬生生地闯出了第三条路来。她用"悄吟"的署名写了一封信，向当时哈尔滨影响最大、信誉最高的《国际协报》求援。性格决定命运，萧红没有想到的是，这封信不仅帮她渡过了难关，还改变了她的命运。

　　萧红的求援信是1932年7月初发出的，当时的《国际协报》副刊主编裴馨园接到信后很重视，他把信给同事们看了，大家觉得这位女子身处险境，而想到投书报社，争取舆论的支持，首先这个想法和做法就非同一般。于是裴馨园、方未艾、孟希等人就去东兴旅馆了解情况。据孟希回忆，他们来到萧红住的小屋子，看到除了床上的被褥、破旧书报和一个柳条包外，几乎再没有什么东西了。萧红穿了一件褪了色的蓝大衫，赤着脚

---

[1] 鲁迅：《鲁迅全集》第1卷，人民文学出版社，2005年版，第166页。

穿一双旧皮鞋，白皙的脸上有一双可能因受刺激而失神的眼睛，在他们面前略显局促。他们对萧红说了些安慰话，之后就去找旅馆老板交涉。他们出示了记者证，告诉他不许虐待萧红，要正常供给她伙食，一切费用由他们负责。其实这也是说大话，他们中有的自己吃饭都成问题，又怎么能负担得了萧红欠下的大笔店钱呢？老板虽不高兴，但不敢得罪报馆，这样萧红的生活算是暂时安定了一点儿。

几天之后，萧军受裴馨园之托，到东兴旅馆给萧红送书。

萧军（1907年7月3日—1988年6月22日），原名刘鸿霖，又名刘蔚天，曾用笔名酡颜三郎、三郎、刘均、刘军、田军、萧军等。与萧红一样，萧军的祖上也是山东移民到东北的。萧军出生在辽宁省义县沈家台镇下碾盘沟村。他出生不到七个月，母亲因不堪父亲的毒打，吞食鸦片自杀，他是在祖父母和姑姑的怀抱中长大的。萧军从小就没有获得过母爱，又一直生活在暴烈的父权下，再加上辽西一带胡匪遍地，当地流传着"宁养贼子使人怕，不养苶子使人骂"的谣谚，这样的家庭和社会环境，养成了萧军桀骜不驯的性格，他崇拜英雄，相信武力。18岁的时候，萧军到吉林当了一名骑兵，1928年考入张学良在沈阳办的东北陆军讲武堂。1929年在日本人办的一家中文报纸《盛京时报》上发表了小说处女作《懦……》，笔名酡颜三郎。

"酡颜"是取屈原《招魂》中"美人既醉,朱颜酡些"句,谓自己饮酒红脸之意;"三郎"是他与方未艾等结拜兄弟的实数。

"九一八"事变前,萧军已婚,妻子许素凡是家乡一农民的女儿。由于政治环境恶劣,1932年春萧军将妻子送回家乡,然后写信告诉她:自己以后将不知到何处去,也不知何年才能回家,劝其改嫁。从此,两人断绝了夫妻关系。1983年秋天,萧军重返故乡时,两位白发苍苍的老人才又见了面。回忆五十年前的青春岁月,两人都流下热泪。

"九一八"事变后,萧军与朋友方未艾到吉林舒兰组织抗日义军,失败后潜入哈尔滨,正式从事文学创作。此时的萧军正在为《国际协报》帮忙编稿。

萧军来到旅馆,发现了萧红画的一张铅笔速描画和写的一首诗《春曲》(之一):

> 那边清溪唱着,
> 这边树叶绿了,
> 姑娘啊!
> 春天到了。

清溪欢唱,勃勃生机,写出了春之声;绿叶攀枝,欣欣向荣,绘出了春之色。有远有近,有声有色,而在这春意融融的景色中,一个少女发出了"春天到了"的心声,怀春的情愫随着唱着的春溪一起流淌，随着青青的枝条一起抽芽。短短四句，不足 20 字，就把少女对春天企盼的动人画面展现出来。小诗借景抒情，以春景起兴，以"春天到了"比喻自己人生的春天到了，爱情的春天到了。意境优美，感情真挚，明白晓畅，浑然天成。好一首清新而含蓄的春曲！萧军看到这首沁人心脾的小诗后，激动不已：

> 这时候，我似乎感到世界在变了，季节在变了，人在变了，当时我认为我的思想和感情也在变了……出现在我面前的是我认识的女性中最美丽的人！也可能是世界上最美丽的人！她初步给与我那一切形象和印象全不见了，全消泯了……在我面前的只有一颗晶明的、美丽的、可爱的、闪光的灵魂！……
>
> 我马上暗暗决定和向自己宣了誓：
>
> 我必须不惜一切牺牲和代价——拯救她！拯救这颗美丽的灵魂！这是我的义务……[1]

而萧红也读过萧军在《国际协报》副刊上连载的小说《孤雏》，很敬慕作者的才华。他们一个是旧家庭的叛逆，一个是都市的浪儿，虽然两人的性格不同，但对生活的勇敢态度又有一致之处，所以两人一见倾心，开始了他们那传奇般的浪漫之旅。

萧红、萧军（以下简称"二萧"）那段刻骨铭心的爱，被

---

[1] 萧军：《侧面》，见《萧军全集》第 9 卷，华夏出版社，2008 年版，第 324 页。

萧军写到小说《烛心》中去了，也被萧红写入她的一组恋歌《春曲》的另外五首中去了。

> 我爱诗人又怕害了诗人，
>
> 因为诗人的心，
>
> 是那么美丽，
>
> 水一般地，
>
> 花一般地，
>
> 我只是舍不得摧残它，
>
> 但又怕别人摧残，
>
> 那我何妨爱他。
>
> ——《春曲》（二）

这像一段内心独白，她把意中人看作"水一般地"清纯，"花一般地"美丽，这圣洁而美好的"诗人的心"让她渴望接近，而又惮于接近；不去接近，又怕别人夺了去。这种初恋时珍视对方的心理表现得多么真切！这正是她采取主动前的心理准备，而实际行动呢？

> 你美好的处子诗人，
>
> 来坐在我的身边，
>
> 你的腰任意我怎样拥抱，
>
> 你的唇任意我怎样的吻，

> 你不敢来在我的身边吗？
>
> 诗人啊！
>
> 迟早你是逃避不了女人！
>
> 　　　　——《春曲》（三）

她把恋人说成是"处子诗人"，多美好的形象。这是对于情人的大胆呼唤，对于炽烈爱情的尽情歌颂。写得自然率真，酣畅淋漓，带着十足的野气，丝毫没有矫揉造作之感。如果没有经历过爱情之舟的颠簸，是想不出来，也说不出口的。诗如其人，萧红可不是"千呼万唤始出来，犹抱琵琶半遮面"的女子。

> 只有爱的踟蹰美丽，
>
> 三郎，我并不是残忍，
>
> 只喜欢看你站起来又坐下，
>
> 坐下又立起，
>
> 这其间，
>
> 正有说不出的风月。
>
> 　　　　——《春曲》（四）

处在热恋中，对方的一举一动、一颦一笑，无处不闪光，无处不生辉，这是真爱给她带来的欢乐：

> 谁说不怕初恋的软力！
>
> 就是男性怎样粗暴，

这一刻儿，

也会娇羞羞地，

为什么我要爱人！

只怕为这一点娇羞吧！

但久恋他就不娇羞了。

——《春曲》（五）

当他爱我的时候，

我没有一点力量，

连眼睛都张不开，

我问他这是为了什么？

他说：爱惯就好了。

啊！可珍贵的初恋之心。

——《春曲》（六）

在这两首诗中，她把对萧军的爱视为自己的"初恋"。这是因为，与汪恩甲是有婚约，但少爱情，只有对萧军才是倾心之恋。

《春曲》主要记述了她与三郎（萧军）从初恋到热恋的过程，抒发了她对于爱情的大胆追求，以及两人相恋中独特而细腻的感受。

1932年夏，哈尔滨地区连降大雨，松花江水位持续上涨。

哈尔滨东兴旅馆被水淹的情形

8月7日，多年失修的哈尔滨道外九道街江堤决口百余米，洪水涌入市区，道外受淹。8日，哈尔滨道里区顾乡屯一带漫入洪水。10日，道里全部被淹。12日，哈尔滨四分之三成了水乡泽国，道外地势较低，更是一片汪洋，很多民房被淹。马路就像河道一样，来往跑着救急的小船。东兴旅馆地势低洼，积水一丈多深，一层楼已经泡在水中，旅客纷纷逃生，暂时逃不走的也都拥到二楼上等待雇船。连旅馆的老板都逃走了，只留下一个茶房看门。萧红最后从二楼的阳台爬上救济船，离开了东兴旅馆，逃到道里中国四道街 37 号裴馨园家——这是萧军为她留下的地址。

就这样，哈尔滨的大水，意外地使萧红得救了。

在萧军的安排下，萧红暂时住进了裴家。裴为人忠厚、热情，但裴太太却不乐意，对他们很冷淡。萧红很理解裴太太的心理，为了尽量少给人家添麻烦，惹人家讨厌，她和萧军每天早早地起来就到大街上游荡："地面上旅行的两条长影子，在浸渐的消泯，就像两条刚被主人收留的野狗一样，只是吃饭和睡觉才回到主人家里，其余尽是在街头跑着，蹲着。"（《弃儿》）可这又引起裴馨园的不快，认为他俩穿得破衣烂衫、手挽手地在大街上闲逛，出入他的家门，实在不太雅观，有失他家的体面。他让太太跟萧红说："你们不要在街上走，在家里可以随便。街上人太多，很不好看，在这条街上我们认识许多朋友，谁都知道你们是住在我家的，假设你们不住在我家，好看与不好看，我都不管。"萧红把话转给萧军，心里很不平，说："我真不明白，我们衣裳褴褛，就连上街上走走的资格也没有了！"萧军也说："富人可以搂脖抱腰在大街上逛，我们

萧红与萧军
1932年秋于哈尔滨市自治公园（今兆麟公园）

090

穷人连在大街上走走就伤了他们的脸面了？"但这时萧红临产，一时仍无处可去，只好忍气吞声地住下来，过着那种难耐的寄人篱下的生活。

不久，萧红进入临产期。萧红自述道："芹肚子痛得不知人事，在土炕上滚得不成人样了，脸如白纸一样。痛得稍轻些，她爬下地来，想喝一杯水。茶杯刚拿在手里，又痛得不能忍耐了，杯子摔在地板上。杯子摔碎了，那个黄脸大眼睛的非的岳母跟着声响走进来，嘴里啰嗦着：'也太不成样子了，我们这里倒不是开的旅馆，随便谁都住在这里。'芹听不清谁在说话，把肚子压在炕上，要把小物件从肚皮挤出来。这种痛法简直是绞着肠子，她的肠子像被抽断一样，她流着汗，也流着泪。"（《弃儿》）其中的"芹"的原型就是萧红，"非"的岳母就是裴馨园的岳母。

萧军见萧红疼痛难忍，冒着大雨到处借钱，最后跑到报馆找到裴馨园，才从他的手里借到点儿钱。他用五角钱雇了一辆马车，把萧红送到离裴家不远的东省特别区市立医院（今哈尔滨市儿童医院址）。到医院时，天已很晚了，他们却交不起15元住院费，萧军不得不再雇马车把萧红拉回裴家。

第二天，萧军又把萧红送进那家医院。这一次，他一没用医生检查，二没开住院单，直接把萧红送进一个三等产妇室，他告诉萧红说："你就住在这张床，怎么撵也不走，他们是没办法的，我到医院外等着，也许去借钱。总之，你不走，谁拿你也没办法，这是医院，谁也不敢把你咋的。"萧红就这样住进了医院。

不久，萧红产下一个女婴，旋即送人。连自己的生存都成问题，又怎么能养得了孩子呢？这或许是最理智的选择。她浑身颤抖着，心就像针扎一样，她把头蒙在被子里，再也不能抑制住自己横流的泪水。就这样，贫困使萧红放弃了做母亲的权利。人间最重母子情，她一直牵挂着自己在哈尔滨的这个女孩。有人记叙了1937年萧红在北平时的一个细节："每逢走到儿童服装的橱窗，萧红就踟蹰不前，望着陈列着的童装，思念她那没有下落的孩子。"[1]1939年萧红住在重庆歌乐山的时候，上下山都要路过保育院，萧红常去看望那里的孤儿，其中一个叫林小二的孩子，让她很留心，她还专门为他写了一篇散文。萧红在香港病重期间还曾对守护她的骆宾基提起过她在哈尔滨生过的这个女孩子："她怀念的沉思着：'但愿她在世界上很健康的活着，大约这时候她有八九岁了，长得很高了。'"[2]直到弥留之际，她还曾让端木蕻良答应，将来有条件去哈尔滨，

---

[1] 赵凤翔：《萧红与舒群》，载《新文学史料》，1980年第2期。
[2] 骆宾基：《萧红小传》，黑龙江人民出版社，1981年版，第31页。

一定要把那个孩子找到。

萧红喜欢儿童、关注儿童是一贯的、执着的，在她的作品中出现了许多儿童形象：《王阿嫂的死》中的小环、《生死场》中的小金枝、《桥》中的小良子等等。在《呼兰河传》中有更多直接描写孩子之处，诸如：当着母亲的面向邻人说"那猪肉一定是瘟猪肉"的孩子；为了买麻花要大的在门口打起来的孩子；看火烧云依在祖母怀里悄悄睡去的孩子；冯歪嘴子的两个小孩子；连老胡家的小团圆媳妇也不过是个 12 岁的孩子；小说中的"我"更不必说了。并且，小说一旦出现儿童形象，不论文字繁简，彩墨浓淡，寄意深浅，均给人以美感。萧红自然流露出对孩子的喜爱，字里行间透着氤氲的母性。萧红甚至要用一个月的时间来写一部童话小说，终因感觉民间生活不够而没写。这在她 1936 年 9 月 19 日、10 月 29 日给萧军的信中两度提及。

产后的虚弱和弃儿的伤痛，让萧红在医院大病一场，但因没钱缴纳住院费，医生拒绝治疗。萧军怒不可遏地闯进值班室，见两个大夫正在下象棋，上前一抬手，就把棋盘给扬了，从腰里抽出一把尖刀往桌子上一扎，说："如果人死在这里，我就杀了你们，杀了你们院长和他全家！"医护人员见萧军是个生死不怕的亡命徒，全吓住了，赶紧给萧红用药。这样萧红的病情大有好转。过了一阵子，院长亲自来告诉萧军，他们所有的医药费，医院全不收了，希望他们赶快出院，好给其他产妇让出床位。

在中秋节后的一天，萧军挽着萧红的手走出了医院的大门。就像逃出东兴旅馆，两人心中既有一点轻松又有些许隐忧。前途苍茫，他们将跋涉向何方？

六　跋涉

"跋涉"中的萧红与萧军，1932年于哈尔滨市自治公园

　　萧红被萧军从医院接出后，不再被裴馨园的妻子和岳母所容，穷途末路之际，他们住进了一家白俄开的旅馆——欧罗巴旅馆。萧红自述道："楼梯是那样长，好像让我顺着一条小道爬上天顶。其实只是三层楼，也实在无力了。手扶着楼栏，努力拔着两条颤颤的不属于我的腿，走上几步，手也开始和腿一般颤。"（《欧罗巴旅馆》）产后的萧红还很虚弱，可他们租不起五角钱一天的铺盖，只好睡在床的草垫子上，晚饭也只有黑列巴蘸白盐。在他们辛酸而又甜蜜的新婚的日子里，萧军写下三首诗抒怀：

浪儿无国亦无家，只是江头暂寄槎；
结得鸳鸯眠更好，何关梦里路天涯？

浪抛红豆结相思，结得相思恨已迟。
一样秋花经苦雨，朝来犹傍并头枝。

凉月西风漠漠天，寸心如雾复如烟！
夜阑露点栏杆湿，一是双双悄倚肩。[1]

就这样，时代的两个苦难的青年，相互扶持，相濡以沫，在患难中结合了。

因为"二萧"被裴妻逐出，萧军不再为裴当助理编辑，也不再为《国际协报》采访和撰稿，过去每月 20 元的固定稿酬失去了，必须另寻生活来源。这个阶段，体弱的萧红整天像只病猫似的被关在旅馆里，而萧军则像一只挨饿受冻的狗似的整天出去找食物，为自己，也为他庇护的萧红。萧军找到什么他们就吃什么，找多了多吃，找少了少吃。为了生存，萧军真是想尽了办法。

萧军到处贴武术招生广告，想以自己少年时期以及在讲武堂时练就的武术挣钱度日。萧军擅长武术，在朋友圈是出名的，

---

[1] 萧军：《赠萧红》（原题为《東病中悄悄》），见《萧军全集》第 14 卷，华夏出版社，2008 年版，第 153—154 页。

东北籍作家孙陵曾有过生动的描述：

> ……三郎舞剑，确有"来如雷霆收震怒，罢如江海凝清光"之感。他的凝神屏气，手起剑落，缓急疾徐，进退回旋，给我留下的印象是：剑与他合为一体，他的全生命在这一瞬都贯注在剑上。剑好像天然是他生命的一部分，而他又是大地的一部分。我觉到在这一瞬他的两只腿好像似从地里生长出来的一样坚实稳固，而不是用脚站在泥土上。后来我再没见过那么精彩的舞剑。[1]

可由于他们衣衫褴褛，住所简陋，往往来报名的家长到这儿看一眼就走开了，以为教武术的先生可能没有真本事，只想糊弄几个钱。

生活的艰辛是难以想象的，有一次萧红写信给在东特女一中的高仰山老师求助，才解了燃眉之急。后来在朋友的帮助下，萧军给人家当了家教，每天早晨去教武术，每月20元。这钱大半付了房租，每天只能吃最简单的饭菜。

在饥饿的日子里，"二萧"若有了钱，不管是挣的还是借的，也要稍微地改善一下伙食。他们愿意去的便是中国四道街上的那家"一毛钱饭馆"。其实这家饭店1931年夏天开张的时候叫"明月饭店"，因为在这家饭馆往往只花一毛钱就可以吃上

---

[1] 孙陵：《浮世小品·萧军的悲剧命运》，正中书局，1969年版，第31页。

一顿饭，日子一长，人们便称它为"一毛钱饭馆"了，它的正名反倒没人叫了。萧红曾记述过她与萧军在这里就餐的情景：

> 那个饭馆，我已经习惯，还不等他坐下，我就抢个地方先坐下，我也把菜的名字记得很熟，什么辣椒白菜啦，雪里红豆腐啦……什么酱鱼啦！怎么叫酱鱼呢？哪里有鱼！用鱼骨头炒一点酱，借一点腥味就是啦！我很有把握，我简直都不用算一算就知道这些菜也超不过一角钱。因此我用很大的声音招呼，我不怕，我一点也不怕花钱。（《饿》）

萧红为了让萧军多吃点，她每顿饭都要装作吃饱的样子。就这样，还常常断顿，有时一天只能吃上一顿饭。还有时天还没有亮她就被饿醒了，看到旅馆别的房间门上挂着列巴圈，自己竟萌生了偷的念头。面对着空落落的屋子，她甚至发出了"我拿什么来喂肚子呢？桌子可以吃吗？草褥子可以吃吗？”“只有饥寒，没有青春”（《饿》）这样令人酸辛而战栗的呼声。

“二萧”在欧罗巴旅馆住了一个月左右，之后，他们搬到道里商市街25号（今红霞街25号）一座半地下的小房子里。因由是萧军做了房东独生子的武术和国文家教，讲定的条件是：萧军不收学费，房东不收房费，两相抵消。而当时他们成家立业的经济基础仅15元钱，这是萧军为《国际协报》副刊撰稿所得的酬金。此时裴馨园已不在《国际协报》，接替他的是萧军的好友方未艾。

从欧罗巴旅馆搬到商市街25号，从形式上看是一次住处的迁移，实际是“二萧”爱的历程的一次质的突变。这标志着他们有了自己的家，表明他们正式结为夫妻。尽管他俩已经同居了，但同居之初他们还不认为对方是自己的爱人，萧红在散文《欧罗巴旅馆》中非常明确地说道：“他——郎华，我的情人，那时候还是我的情人。”搬到商市街后，他们的小日子开始过了起来。他们彼此都视为夫妻。有萧红的《黑列巴和白盐》为证：

　　我们不是新婚吗？他这话说得很响，他唇下的开水杯起一个小圆波浪。他放下杯子，在黑面包上涂一点白盐送下喉去。

　　大概是面包已不在喉中，他又说：

"这不正是度蜜月吗！"

"对的，对的。"我笑了。

他连忙又取一片黑面包，涂上一点白盐，学着电影上那样度蜜月，把涂盐的"列巴"先送上我的嘴，我咬了一下，而后他才去吃。一定盐太多了，舌尖感到不愉快，他连忙去喝水：

"不行不行，再这样度蜜月，把人咸死了。"

盐毕竟不是奶油，带给人的感觉一点也不甜，一点也不香，我坐在旁边笑。

迁居商市街是他们正式婚姻生活的开始，有了家萧红就要操持家务，她感到了初为人妇的新奇和难处。首先要自己烧火做饭，可是萧红在家时家里常年雇了个老厨子做饭，家里人是不做饭的，萧红过的更是饭来张口的富家小姐的生活。后来萧红去哈尔滨读书，再后来萧红出走、流浪、落难……她一直没有做家务的经验。她在散文《最末的一块木桦》里说："火炉烧起又灭，灭了再弄着，灭到第三次，我懊恼了！我再不能抑止我的愤怒，我想冻死吧，火也点不着，饭也做不熟。就是那天早晨，手在铁炉门烫焦了两条，并且把指甲烧焦了一个缺口，火焰仍是从炉门喷吐，我对着火焰生气，女孩子的娇气毕竟没有脱掉。我向着窗子，心很酸，脚也冻得很痛，打算哭了。但过了很久，眼泪也没有流出，因为已经不是娇子，哭什么？"

不仅火生不好，菜也烧焦了，饭也做夹生了。

商市街是中央大街的一条辅街，很是繁华热闹。但繁华热闹是别人的，"二萧"在商市街生活的很长一段时间里依然受到饥寒的威胁。萧红曾追忆道："光线完全不能透进屋来，四面是墙，窗子已经无用，封闭了的洞门似的，与外界绝对隔离开。天天就生活在这里边。素食，有时候不食，好像传说上要成仙的人在这里苦修苦炼。很有成绩，修炼得倒是不错了，脸也黄了，骨头也瘦了。我的眼睛越来越扩大，他的颊骨和木块一样突在腮边，这些工夫都做到，只是还没成仙。"（《黑列巴和白盐》）饥饿让两个人瘦骨嶙峋，萧红笔下描写的萧军肖像是："颧骨很高，眼睛小，嘴大，鼻子是一条柱。"（《又是冬天》）

在欧罗巴旅馆或商市街，饥饿甚至引发了萧红视觉、嗅觉、听觉上的幻象："有的房间门上已经挂好'列巴圈'了，"她觉得"好像那成串肥胖的圆形点心，已经挂在我的鼻头上"。（《他去追求职业》）这是从视觉引发而来的幻觉。"挤满面包的大篮子又等在过道，我始终没推开门，门外有别人在买，即使不开门我也好像嗅到麦香。对面包我害怕起来，不是我想吃面包，怕是面包要吞了我。"（《提篮者》）这是由嗅觉引发的幻觉。站在过道里，嗅到了隔得很远的汪家厨房传出来炒酱的气味，她猜想："他家吃炸酱面吧！炒酱的铁勺子一响，都像说：炸酱面，炸酱面……"（《他的上唇挂霜了》）这是听觉引发的幻觉……所有这些，都揭示了萧红在饥饿线上挣扎的情形。

哈尔滨的冬天漫长而寒冷："在屋里，只要火炉生着火，我就站在炉边，或者更冷的时候，我还能坐到炉板上去把自己煎一煎。若没有木柈，我就披着被坐在床上，一天不离床，一夜不离床，但到外边可怎么能去呢？披着被上街吗？那还可以吗？"（《飞雪》）冰城的冬夜很难挨："脱掉袜子，腿在被子里面团卷着。想要把自己的脚放到自己肚子上面暖一暖，但是不可能，腿生得太长了，实在感到不便，腿实在是无用。在被子里面也要颤抖似的。窗子上的霜，已经挂得那样厚，并且四壁的绿颜色，涂着金边，这一些更使人感到冷。两个人的呼吸像冒着烟一般的。玻璃上的霜好像柳絮落到河面，密结的起着绒毛。夜来时也不知道，天明时也不知道，是个没有明暗的幽室，人住在里面，正像菌类。"（《最末的一块木柈》）

让萧红难过的还有，萧军除了早晚教房东的儿子武术和国文外，白天整天不着家，在外面为生活奔波。萧红独自待在屋里，连门都不能出。"夜间，他睡觉醒也不醒转来，我感到非常孤独！白昼使我对着一些家具默坐，我虽生着嘴，也不能言

102

语；我虽生着腿，也不能走动；我虽生着手，而也没有什么做，和一个废人一般，有多么寂寞！连视线都被墙壁截止住，连看一看窗前的麻雀也不能够，玻璃生满厚厚的绒毛一般的霜雪。这就是'家'，没有阳光，没有温暖，没有声，没有色，寂寞的家，穷的家，不生毛草荒凉的广场。"（《他的上唇挂霜了》）饥寒交迫，又加上孤独寂寞，让萧红整天如坐愁城。

萧军回忆起他们当时的情形说："像春天的燕子似的，一嘴泥，一嘴草，……我和我的爱人，终于也筑成了一个家！无论这个家是建筑在什么人的梁檐下，它的寿命能够安享几时，这在我们是没有顾到的。我的任务只是飞呵飞……寻找着可吃的食物，好使等待在巢中病着的一只康强起来！我顾不了那整日盘旋在空中，呼哨着的苍鹰；也顾不了那专以射击燕雀而取乐的射手们。"[1]

萧红见萧军一个人整天在外奔波，忙着找职业，又得厚着脸皮找熟人借钱，自己却一天到晚地待在家里，实在过意不去。她身体稍微恢复了一点儿，就想出去自己挣钱，分担萧军的负担。她开始也想当家教，没行通。后来她又想去给一家电影院画广告，但最后也没做成，萧红的散文《广告员的梦想》、小

---

[1] 萧军：《为了爱的缘故》，见《萧军全集》第 11 卷，华夏出版社，2008 年版，第 458 页。

说《广告副手》都取材于这件事。

这段时间是他们最贫困的时候，真是家徒四壁，囊空如洗。天冷了，萧军只能到"破烂市"上去买旧皮帽；新做的棉袍，一次还没穿，就被送进当铺去了；萧红要买几个铜板的瓜子的愿望都不能满足。萧红曾写道："黑列巴和白盐，许多日子成了我们唯一的生命线。"（《黑列巴和白盐》）就这样，身居闹市中的这对贫贱夫妻，在难以想象的艰难的人生旅途上跋涉着。

在商市街的这段生活，是"二萧"生计最艰难的时期，但同时也是他们最恩爱的时期。萧红回忆说："只要他在我旁边，饿也不难忍了，肚痛也轻了。"（《搬家》）当萧军出去为生活奔波时，萧红常站在过道上倚门望归。这对儿贫贱夫妻的恩爱竟让房东女儿生出羡慕之情："啊，又在等你的郎华……他出去，你天天等他，真是怪好的一对！"（《他的唇上挂霜了》）而当萧红出去的时候萧军也焦虑不安。《广告员的梦想》写了一次小小的风波：为了生活，萧红去谋一个电影院广告员副手的差事，由于萧红回来晚了，萧军跑出去两次没找到她，便买酒喝醉了，在地板上打着滚哭，对晚归的萧红嚷嚷："一看到职业，什么也不管就跑了，有职业，爱人也不要了！"从中，也可见处于困境中的"二萧"爱恋相依、相濡以沫的情形。

两个人在窘迫的生存环境中，内心仍保有童真的莹澈。为了给肚子疼的萧红取暖，萧军把玻璃瓶装上热水，结果是瓶子炸了，萧军竟"拿起没有底的瓶子当号筒来吹"；(《借》)"走进房间，像两个大孩子似的互相比着舌头，他吃的是红色的糖块，所以是红舌头，我是绿舌头"。(《家庭教师》)在"破烂市"上，萧军被一顶"四个耳朵的帽子"吸引住了，戴在头上左试右试，萧红看着"那和猫头一样的帽子"忍俊不禁，瞳孔里变幻着爱人憨态可掬的形象：

> 立刻他就变成个小猫样……他又把左右的两个耳朵放下来，立刻我又看他像个小狗。总之，他戴起这样的帽子，不像个小猫，就像个小狗——因为小时候爷爷给我买过这样"叭狗帽"。(《买皮帽》)

忽猫忽狗，情意绵绵，恩恩爱爱。他们还喜欢给对方起外号，萧军就给萧红起了一堆外号，他后来也回忆道：

> 我是很喜欢给她起一些"诨名"的，例如：小麻雀，小海豹，小鹅……之类。
>
> 小麻雀——是形容她的腿肚细，跑不快，跑起来，两只脚尖内向。
>
> 小海豹——是说她一犯困一打哈欠，泪水就浮上两只大眼

晴，俨然像一只小海豹。

　　小鹅——是形容她，一遇到什么惊愕或高兴的事，两只手就左右分张起来，活像一只受惊恐的小鹅，或者企鹅！[1]

　　他们贫穷，但他们不屈服于恶劣环境，精神生活很愉快。特别是萧红，尽管有过那么多、那么沉痛的不幸，但她却从不悲观。萧红在《当铺》一文中写道："好，我去，我就愿意进当铺，进当铺我一点也不怕，理直气壮。""带着一元票子和一张当票，我快快地走，走起路来感到很爽快，默认自己是很有钱的人。……看一看自己带着这些东西，很骄傲，心血时时激动，至于手冻得怎么痛，一点也不可惜。"萧红身处窘境，本来是苦恼的事，可她不仅不以为意，还"理直气壮"，这可以看出她是以怎样的一种态度对待生活的。

　　初春开江了，他们与朋友去走松花江铁路大桥，感受北国冰消雪化特有的春意："那天在江边遇到一些朋友，于是大家同意去走江桥。我和郎华走得最快，松花江在脚下东流，铁轨在江空发啸，满江面的冰块，满天空的白云……"（《又是春天》）流着冰排的大江，有静有动、有声有色，那是一幅多么生机勃勃的图画！他们还一起去溜冰、划船、逛街、逛公园、

---

[1] 萧军编著：《萧红书简辑存注释录》，黑龙江人民出版社，1981年版，第63页。

106

郊游、会友……

他们的朋友后来回忆道：在白俄很多的中央大街上看到"二萧"。萧军的脖子上系了个黑蝴蝶结，手里拿着把三角琴，边走边弹，萧红穿着花短褂，下着一条女中学生通常穿的黑裙子，脚上却蹬了双萧军的尖头皮鞋，看上去特别引人注目。他们边走边唱，就像流浪艺人一样。这从一个侧面表现了萧红开朗的性格和乐观的情绪，洋溢着浪漫的青春气息。无怪许广平说："他们在困难中相遇，这一段掌故是值得歌颂的。"[1]

尽管萧红自己生活在饥饿线上，但她深切地同情弱势人群的苦难。冬天来了，萧红做了一件新棉袍，但一次没穿就得拿到当铺去当掉。在回来的路上，遇见一个老乞丐，她从当得不多的钱中取出一个大铜板给了他。萧红说："我想我有饭吃，他也是应该吃啊！"（《当铺》）她给了两个劈柴老人两块面包，老人连连致谢，"望着那两个背影停了好久，羞恨的眼泪就要流出来。已经是祖父的年纪了，吃块面包还要感恩吗？"（《小偷，车夫和老头》）。

同时萧红也察觉到了人们的愚昧和麻木，比如在散文《破落之街》中，对一个老漆匠，寄予了深深的同情，文末说："……

---

[1] 许广平：《追忆萧红》，见《怀念萧红》，黑龙江人民出版社，1984年版，第22页。

我们的生活技术比他们高，和他们不同，我们是从水泥中向外爬。可是他们永远留在那里，那里淹没着他们的一生，也淹没着他们的子子孙孙，但是这要淹没到什么时代呢？"还有在《家庭教师》一文中叙述了萧军给人当家教挣了 20 块钱，两人来到一个小饭馆打打牙祭，文中写道："……门仍不住地开关，人们仍是来来往往。一个岁数大一点的妇人，抱着孩子在门外乞讨，仅仅在人们开门时，她说一声：'可怜可怜吧！给小孩点吃的吧！'然而她从不动手推门。后来大概她等到时间太长了，就跟着人们进来，停在门口，她还不敢把门关上，表示出她一得到什么东西，很快就走的样子……靠门的那个食客强关了门，已经把她赶出去了，并且说：'真她妈的，冷死人，开着门还行！'不知哪一个发了这一声：'她是个老婆子，你把她推出去。若是个大姑娘，不抱住她，你也得多看她两眼。'全屋人差不多都笑了，我却听不惯这话，我非常恼怒。"这里萧红感到恼怒的并不是那人说了粗话，而是他的缺少应有的同情心。

七　上路

牵牛坊的朋友们，1933年于哈尔滨道里公园
左起：萧红、萧军、金人、舒群、黄田、裴馨园、樵夫

　　萧红是个不甘寂寞、积极向上的女青年，当她经过了短暂的休整，身体和精神逐渐康复之后，就决不安于现状，很快从困顿中跃起，重新上路。

　　这时"二萧"常去哈尔滨的文艺沙龙牵牛坊聚会，结识了一些文艺界的朋友。牵牛坊是画家冯咏秋的家，这是一座宽敞的木结构的俄式房屋，因门前种了许多牵牛花，门斗上、窗台上、房檐上、栅栏上爬满牵牛花而得名。萧红记述了牵牛坊这样一个情景："她的背靠着炉壁，淡黄色有点闪光的炉壁衬在背后，她黑的作着曲卷的头发就要散到肩上去。她演剧一般地在读剧本。她波状的头发和充分作着圆形的肩，停在淡黄色的壁炉前，是一幅完成的少妇美丽的剪影。"（《新识》）从这段描写中我们看到，困顿并没有磨损萧红进行艺术的审美与追求。尽管萧红有过那么多、那么沉痛的不幸，但她却丝毫没有灰心丧气之感，没有悲观厌世，而是"向这'温暖'和'爱'的方面，怀着永久的憧憬和追求"。

当时常去牵牛坊的有中共地下党员金剑啸、舒群、罗烽、白朗等，他们创办了《哈尔滨新报》《新潮》等报刊，团结进步作家，创作"反满抗日"作品，组织爱国活动，以唤起民众。除以上中共党员外，还有金人、杨朔、梁山丁、方未艾等人。这些人构成了东北作家群的基础和雏形。牵牛坊这"北满洲"的小院，培育了一批东北作家。

1932 年哈尔滨的那场大水过后，哀鸿遍野，饿殍满道，留下了无数无家可归、缺衣少食的灾民。他们沿街乞讨，露宿街头，其惨状让人目不忍睹。对此，汉奸当局根本不闻不问。1933 年 3 月，萧红参与筹备了金剑啸发起的"维纳斯画展"，为哈尔滨水灾进行赈灾义卖活动。萧红在自己生活还非常困难的情况下，发挥自己的绘画才能，画了两幅水粉画作为义卖作品。其中一幅画的是两根萝卜和一棵白菜，另一幅画的是一双旧的洒鞋和两个"硬面火烧"（山东人的传统面食）。这两幅画反映了底层民众的苦难生活，表达了对灾民的一片爱心。《哈尔滨五日画报》对这次义卖活动做了专门的报道。

不久，"二萧"参加了罗烽、舒群组织的"星星剧团"，当时排练了美国作家辛克莱的剧本《小偷》，萧红在其中扮演了一个病妇人的角色。这些活动，不仅使萧红冲破了自我生活的小天地，走出家门，扩大了接触面，而且燃起了她参加社会活动的热情。

1933 年，对于萧红来说，是极为不寻常的一年。这一年年初，在萧军的鼓励下，萧红走上了文学创作之路。萧红开始尝试写作，并很快发表了她的小说处女作《弃儿》。有人说《王阿嫂的死》是萧红小说的处女作，其实不对，《王阿嫂的死》篇末注的是完成于 5 月 21 日，也就是说，《王阿嫂的死》尚未完成，《弃儿》就已经发表了。《弃儿》发表在 5 月 6 日至 17 日长春《大同报》副刊《大同俱乐部》上。《大同报》是伪满洲国"国务院"机关报，日伪称它为"国报"，可算作"满洲国"的一类报刊。发表《弃儿》时所用的笔名为"悄吟"，据讲这是"小莹"（萧红原名张乃莹）的谐音，也是"悄声吟咏"之意。当时萧红只有 22 岁。这是一篇上万字的纪实性很强的作品，小说以萧红困居东兴旅馆的窘境、逃生的经过、与萧军在裴家的生活以及弃儿时的噬心痛苦为素材。这既是一篇清新可读、催人泪下的作品，又是一篇重要的考证萧红这段生平史实的参考资料。《弃儿》的发表，标志着萧红文学生涯的开始。作品发表后，给萧红以极大的鼓舞，仅半年的时间里萧红就接二连三地发表了十多篇小说、散文，真可谓一发而不可收。

1933年10月，在极其艰苦的环境中，在舒群等朋友的帮助下，"二萧"自费出版了短篇小说合集《跋涉》，收录萧军的作品6篇、萧红的作品5篇，由哈尔滨"五画印刷社"出版。作者署名三郎、悄吟，两个笔名阳阴相对，情味迥异：一个拼命地呐喊，一个悄声地吟唱，从而使死水似的东北文坛，泛起了一片涟漪。

1933年夏，"二萧"在商市街25号大门内"自己"的蜗居

　　《跋涉》所选萧红的五个短篇小说是《王阿嫂的死》《广告副手》《小黑狗》《看风筝》和《夜风》。值得注意的是，《跋涉》没有重复当时其他女作家的创作老路，避免了她们自说自话、自我宣泄的通病，而有着敏锐、现实、大气的品格。其标志是：萧红严格地回避了易于走红而又令她吃尽苦头的爱情、婚姻的题材，如果这样做是很容易的，只需把她如何抗婚终至落难于旅馆，后如何幸遇搭救，又结下姻缘，最后走上文艺道路的经历，稍加渲染就是一部很时髦的"革命加恋爱"的畅销书了。她也没有局限于知识女性的狭窄视野，而是自觉地把笔触伸向了底层人民和时代主潮，利用在呼兰和阿城福昌号的地主欺压农民、农民苦不堪言铤而走险的见闻，带着北方农民的粗犷和塞外荒原的泥土气息，带有鲜明的人文关怀和思想倾向，向现实主义靠拢了。比如其中的第一篇《王阿嫂的死》，叙述的是一户穷苦雇农在恶霸地主的残酷压榨和迫害下，痛苦挣扎，最后家破人亡的故事。小说惨绝人寰的悲剧的外在效果，比之鲁迅的《祝福》有过之而无不及。而《看风筝》《夜风》则描写了我国东北农民运动的风貌。由于东北地区的阶级压迫带有一种极端的原始残酷性，而反抗斗争也就充满执着的原始性的复仇色彩，具有惊心动魄的尖锐性和洪荒大野气息。如果把《王阿嫂的死》《看风筝》《夜风》这三篇小说连接在一起，我们会看到：正是地主阶级的残酷压榨，造成了王阿嫂的惨死、小环的流浪；正是贫雇农这样的悲惨命运，才促成刘成在农民中间宣传反抗的活动；正是贫雇农的觉醒，促成他们跟随造反者的"马队"围歼地主套院的行动。萧红的创作起点较高，一开始就能够洞悉社会矛盾，这在当时文化环境那么恶劣的东北文坛上，不能不说是一种难能可贵的使命感的体现。

《跋涉》是沦陷后的东北文坛上出现的第一本作家作品集，它为萧红赢得了东北新文学第一位女作家的头衔。萧红初试锋芒，就显示了不凡的文学才华。

八 爱的隐忧

1933年冬于哈尔滨
左起：梁山丁、罗烽、萧军、萧红

《跋涉》出版后，"二萧"在哈尔滨文坛上有了名气，社交面也随之扩大了。除了赢得更多的文友外，还有慕名而来的读者，其中有一位刚从上海来的女中学生陈涓。陈涓生于1917年1月，原名陈丽涓，曾用笔名小猫、一狷、女客、涓等。陈涓也是她的笔名，后为通用名。中华人民共和国成立后她从事电影翻译工作，曾翻译苏联和其他国家的电影六十多部，是上海电影译制片厂的翻译家。

陈涓于1933年10月到哈尔滨，不久她与朋友逛同发隆商店（哈尔滨的一家大商场，也兼营图书），无意中发现了《跋涉》一书，作者"三郎"的署名引起了她的好奇，她还以为是日本人呢。朋友说是中国人，而且他还认识，而且还是他的朋友。因为刚到哈尔滨，一切都很生疏，陈涓要买一本来读，通过读本土作者的书也可以了解一下当地的人情世故。但朋友劝她别买，他可以把这两位作者介绍给她，顺便可以向他们讨书。这样，在朋友的介绍下，陈涓先认识了萧军。在一个冬日的下午，陈涓又由朋友领着来访商市街25号"二萧"的家了。萧军出去滑冰了，只有萧红一个人在家，大家谈起话来，萧红差不多没有话说，只是听着别人说，只是点着头。

"我到哈尔滨四十天了，我的北方话还说不好，大概听得懂吧！……那天巧得很，我看报上为戏剧在开着笔战。署名三郎的文章写得很好，我问朋友，这位三郎先生就是书店里那本书的作者吗？就这样，上次在朋友的介绍下见到三郎……"陈涓说着，又去拿桌上的报纸，寻找笔战继续的文章。

萧红早就从萧军口中得知这位新认识的上海姑娘要来访，所以她慢慢地看着陈涓：她头上只是扎了一条红绸带，随意而简单地拢住秀发，这更显得特别有韵味；脸上不施粉黛，虽然肤色黑点儿，却还是美丽又素净；葡萄灰色的袍子上，缀着暗黄花的图案……她是个清纯、漂亮又很会打扮的女生。

说话间房东的三女儿王丽来了，她竟认识陈涓，萧红询问

1934 年于哈尔滨。左起：白朗、关大为、萧红
白朗与关大为 1933 年 4 月同时受聘于扩版后的《国际协报》，两人分别成为哈尔滨唯一的女编辑和唯一的女记者

之下才知道她们在舞场里认识的。萧红与陈涓一见面就觉得别扭，当得知陈涓是经常进出舞场的人，对她更感到隔阂。萧红在散文《一个南方的姑娘》里提到此事时说，她不愿意与生活环境跟自己不同的人做朋友，而从心理上讲，陈涓的拜访引起了敏感的萧红的不快，她流露出淡淡的妒意和隐隐的忧虑。

过了几天，萧军给萧红借了一双滑冰鞋，萧红也去滑冰了。陈涓也常来她家借滑冰鞋，有时大家就一起去冰场。萧红与陈涓渐渐熟起来，让萧红感到非同寻常的是：陈涓渐渐地对萧军比对自己更熟。虽然常见面，她却开始给萧军写信了。萧红还发现：陈涓近些日子更黑一点儿，好像她的"愁"更多了！她不仅仅是"愁"，因为愁并不兴奋，可是陈涓有点儿兴奋。

萧红对陈涓带着女性本能的敏感和戒心，她的担心好像并非多余。早在萧红与萧军在东兴旅馆初恋之时，萧红就担心萧军会在外面追求别的女子。萧军心仪一位叫李玛丽的女子，为此萧红还写了一首长诗，其中有这样的诗句："听说这位Marlie 姑娘生得很美，/ 又能歌舞——/ 能歌舞的女子谁能说不爱呢？/ 你心的深处那样被她打动！……"（《幻觉》）李玛丽在当时的哈尔滨文艺圈很有名，包括塞克等许多青年才俊都被她迷得神魂颠倒。后来她去了上海，再后来她移居海外了。在欧罗巴旅馆栖居的时候，萧军又向萧红主动坦白他以前与一个叫"敏子"的姑娘有一段罗曼史。住进商市街 25 号后，"二萧"与房东的女儿王丽一起弹奏乐器、唱歌唱戏、滑冰、划船等，玩得不亦乐乎。夏季去松花江划船回来，萧红累得筋疲力尽，早早地回屋睡下，而王丽与萧军竟能在庭院里聊到深夜。萧军也炫耀似的向萧红说起王丽同他"要好"，而萧红也看出来了，但她觉得那么漂亮的富家小姐与萧军不可能有结果，所以未加理会。萧军也确实想到了这一层，所以也没与王丽走得更近。而现在，又出现了这么一个黑美人儿，真是一波未平一波又起。

　　陈涓有一次来"二萧"家，晚饭留下来吃面条，萧红到厨房去调面条的时候，听到屋里陈涓与萧军嘀咕着什么，等萧红走进屋，他们又在谈别的了！陈涓只吃一小碗面就说"饱了"。饭后萧红忙着收拾碗筷，陈涓走时萧红没有送她，萧军送她出门。萧红听得清清楚楚的，陈涓在门口问："有信吗？"跟着几声喊喊喳喳之后，萧军很响地说："没有。"似乎他们真的在"捣鬼儿"！

　　萧红再见到陈涓的时候，总是热情不起来，甚至不经意地表现出不大友好的态度。旁观者清，王丽提醒陈涓说："你不要和他再亲近吧，有人妒忌你呢！"其实陈涓也分明感到了萧红态度的变化，于是去萧红家的次数就少了。

　　没过多久陈涓就要回上海了。临行前陈涓来"二萧"家辞别，一共来了三次。第一次是在黄昏时分，萧红与舒群正坐在薄暮的窗前闲聊着，对陈涓的来访并不很热情，陈涓说明来意就走了。由于没见到萧军，第二天陈涓又来，这次萧军在，而萧红出去买菜了。听到大门响，萧军慌忙将一封信塞给陈涓，弄得陈涓也很紧张。萧红进屋后，见陈涓涨红了脸，没说几句话就走了。回家后陈涓赶紧拆开信，信中除了一页信笺外，还有一朵干枯的玫瑰花。为了证明自己的清白，解除萧红的误会，当天下午陈涓又来辞行，这次是带着自己的恋人袁亚成来的。

她本想以此来杜绝萧军的感情，同时消除萧红的怀疑，但两个目的都没有达到。她并没有得到萧红的谅解，萧军也没有放下对陈涓的感情。

陈涓回到家里，与一群为她饯行的朋友聚饮。这时萧军又来找陈涓，陈涓知道萧军不喜欢这样雅致的情调与氛围，就连忙请萧军随自己去买酒。两人默默地走着，买完酒往回走也是默默的。快走到家门口的时候，萧军突然在陈涓的脸上吻了一下，还没等陈涓反应过来，萧军就消失在黑暗中。陈涓生平第一次大醉了一场，次日她带着"愁"回南方去了。萧红这才如释重负。

从"二萧"爱情生活的全部过程来看，一开始就存在不稳定因素。萧军是个泛情的人，一直抱着"爱便爱，不爱便丢开"的非理性爱情观。当萧红沉湎于对萧军的感情之中时，或许认为萧军的这种爱情观很浪漫、很洒脱，可一旦与萧军生活在一起之后，就忍受不了萧军的泛情。这样的男人可能是好的情人，却不是好伴侣。

九　别离商市街

　　创作给萧红带来了无穷的欢乐，使她焕发了青春的活力。可是由于《跋涉》中的大部分作品暴露了日伪统治下社会的黑暗，赞颂了底层人民的觉醒、反抗和斗争，所以书出版仅两个月，就因"反满抗日"的嫌疑被当局查抄没收了，自己印书发卖的兴奋很快被恐怖的阴影掩去。

　　"九一八"事变后不到五个月，哈尔滨也沦陷了，时间是1932年2月5日。为了强化对占领区的统治，日本很快就在哈尔滨建立了完整严密的军、警、宪、特的体系。经过一个时期的血腥屠杀，日寇殖民统治稳固了些，便腾出手来加紧推行法西斯文化专制政策，严格控制新闻出版和言论自由，对文化界实行怀柔和打击的两手政策。一方面推行慰安娱乐的文艺，拉拢文学青年变节，为其粉饰太平，歌功颂德；另一方面强化白色恐怖，残酷打击发表暴露现实黑暗、鼓吹反抗斗争等言论的作家。在这种情况下，东北沦陷区文艺界发生急剧分化：有的屈从于日伪的淫威，甘当日本的宣传工具；有的写些鸳鸯蝴蝶、才子佳人的消遣小说，导致该时期东北文坛通俗小说盛行；有的既不愿为日伪统治利用，玷污自己的清白，又不想冒"反满抗日"的风险，干脆就不写了，不再沾文学创作的边；有的改变策略，采用婉曲的笔法，揭露抨击日伪的法西斯殖民统治的罪恶，启发人民的民族意识和斗争觉悟。由于日伪不断强化法西斯文化统治，哈尔滨进步文艺受到打击。

《跋涉》被查没后，为了预防日伪宪兵来搜查捕人，"二萧"把剩下的一些《跋涉》和过去有自己作品的报纸全部转移到朋友家。这还不放心，又把家里的书报全部仔细地检查了一遍，凡是违禁的东西，都扔进火炉，生怕留下什么咒骂"满洲国"的字迹，被敌人抓住把柄。夜里外面一有动静，他们就紧张得不得了。

紧接着"星星剧团"的一个成员被捕，另有成员发现了布置在家门口的密探，在这种形势下，剧团被迫自动解散。不久，他们积极撰稿的《夜哨》被停刊。《夜哨》虽然是伪满洲国的"国报"《大同报》的副刊，实际却掌握在进步人士手里，发表了一些暴露日伪统治的黑暗社会现实的作品，为广大读者所拥戴。萧军负责在哈尔滨为《夜哨》统稿，而《夜哨》的刊名是萧红起的，取"夜里的岗哨"之意，就是要让人们"警惕敌人"。萧红在1933年8月6日的《夜哨》的创刊号上，就以"悄吟女士"为笔名发表了短篇小说《两个青蛙》，以后各期多有萧红的作品，直到 1933年12月24日的最后一期。在不足五个多月的时间里，萧红在《夜哨》上发表了十余篇作品，成为《夜哨》同人中创作最多的一个。其中的《中秋节》还罕见地用了"玲玲"这一笔名，这是继"悄吟"之后的第二个笔名，只用了这一次。

《夜哨》被停刊后，进步文化人士利用白朗接任《国际协报》副刊编辑的方便条件，于1934年初在《国际协报》上创办了《文艺》周刊。为了不使日伪文化特务发现《文艺》周刊是《夜哨》周刊的继续，招来灾祸，凡是在《夜哨》上发表过作品的人，全部更换笔名。三郎改名为田倪，悄吟改为田娣，金人改为田风，金剑啸改为巴来，罗烽由洛虹改为彭勃，白朗由刘莉改为弋白。他们继续以《文艺》周刊为阵地，以笔为刀枪，同敌人进行战斗。

当时的哈尔滨文坛，同整个东北文坛一样，在日伪推行的拉拢和打击两手政策下，发生分裂，文艺思想斗争日趋尖锐。在这场斗争中，萧军锋芒毕露，公开把矛头指向日伪推行的"慰安娱乐"的文艺政策和汉奸文人。针对文坛上掀起的反现实主义文艺思潮，萧军发表了《关于骂》《白吃白喝的人们》《医生的道德和责任》《某个男人和女人》等一系列文章，抨击日伪统治下社会上的一些龌龊现象和变节文人的丑恶嘴脸。这引起了日伪文化特务的注意。

有一天，一个朋友特意找到"二萧"说：现在风声很不好，听说那些与他们论战的别有用心的"文人"要给他们放黑箭，要他们小心。说完慌慌张张地去了。他们刚回到家，舒群又悄悄来了，告诉他们说，他已经被特务盯梢了，他要离开哈尔滨，并劝他们也赶紧离开，否则恐遭毒手，因为当时日本为了巩固其统治，借口强化治安，随便抓人。

形势一天比一天紧张，不断听到周围有人被查被抓的消息，日寇无形的魔爪已经在黑暗中张开。说不定，就在今天或者明天，日伪宪兵的皮靴就会踏进他们栖身的斗室，那么等待着他们的，也许就是酷刑或死亡。

1934年5月，"二萧"接到流亡青岛的舒群的来信，劝他们马上去青岛，他们于是终于决定走了。走之前一些家什要处理掉，对这些器物，萧红像是对亲密的老朋友那样依依惜别，最后一次用小锅做完了饭后她感叹道："明天它就要离开我们到别人家去了，永远不会再遇见，我们的小锅。没有钱买米的时候，我们用它盛着开水来喝；有米太少的时候，就用它煮稀饭给我们吃。现在它要去了！共患难的小锅呀！与我们别开，伤心不伤心？"（《拍卖家具》）萧红说过："我本一无所恋，但又觉得到处皆有所恋。"［《沙粒》（三十三）］对哪怕是一件物品，只要是与她朝夕相伴，她都会怀着少有的女性的温情。

就要离开哈尔滨了，这座城市留给萧红太多太多的记忆：这里留下过她少女时代的梦想，留下过她在雪地上流浪的脚印，留下过她弃儿的泪水，留下过她与萧军的柔情蜜意，留下过她在商市街的饥寒交迫，留下过《跋涉》出版时的大欢喜……萧红在散文《最后的一个星期》中感慨道："哈尔滨要与我们别离了！还有十天，十天以后的日子，我们要过在车上，海上，看不见松花江了，只要'满洲国'存在一天，我们是不能来到这块土地。"就要告别生养他们的东北老家了，他们是多么的不舍，又是多么的决绝……萧红在这篇散文中记下了他们离开哈尔滨的最后一瞥：

> 我手提个包袱，郎华说：
>
> "走吧！"他推开了门。
>
> 这正像乍搬到这房子郎华说"进去吧"一样，门开着我出来了，我腿发抖，心往下沉坠，忍不住这从没有落下来的眼泪，是哭的时候了！应该流一流眼泪。
>
> 我没有回转一次头走出大门，别了家屋！街车，行人，小店铺，行人道旁的杨树。转角了！
>
> 别了，"商市街"！小包袱在手上挎着。我们顺了中央大街南去。

那天是 1934年6月12日。"二萧"就这样，悄悄地走了，义无反顾地走了，离开了受苦受难的哈尔滨。哈尔滨是萧红生活时间最长的城市，她在哈尔滨居留了六年，这大约占她短暂生命的五分之一的时间。哈尔滨培育了她，陶冶了她，磨炼了她，也成就了她；而她，也将为哈尔滨带来永久的荣光。

　　松花江正静静地流，深情地送别她的一双儿女远行⋯⋯

第三章

花开海上

青岛栈桥旧影

"二萧"离开哈尔滨后仅一周，好友罗烽就因从事"反满抗日"活动被捕入狱，受尽了酷刑。罗烽的妻子白朗，面对丈夫生死不明而忧心忡忡，她到处奔走、求告。在多方营救下，罗烽才出狱。1936年，金剑啸也因从事"反满抗日"活动被捕，英勇牺牲，留下一个4岁的幼女。1937年，曾与萧红一起做过金剑啸的广告副手的侯小古被日本宪兵杀害。当初萧红与金剑啸、侯小古一起给一家电影院画广告，三个人当中竟有两人遇害！谁能保证"二萧"若留在东北不会遭到不测？

　　离开了苦难而浪漫的哈尔滨，"二萧"于1934年6月13日乘火车抵达大连，这是"满洲国"最南端的城市。为等船在朋友家住了一夜，他们于14日登上了驶往青岛的"大连丸号"轮船。刚一上船，萧军就遭到日伪海警的严格盘查，盘查了近一个钟头，总算蒙混过关。

一　青岛好时光

　　1934年6月15日，"大连丸号"终于到了青岛，"二萧"怀着"鸟儿一般的欢心，火一般的爱"[1]拥抱着青岛，因为他

---

[1] 萧军：《期待着》，见《萧军全集》第11卷，华夏出版社，2008年版，第89页。

1934 年于青岛四方公园
左起：萧红、萧军、倪青华、舒群

们从此逃出了荆天棘地的伪满洲国，逃出了日寇的魔爪。到青岛的第二天，恰逢端午节，这一天又恰逢萧红 23 岁生日，她仿佛获得了新生。

到青岛后，舒群、倪青华夫妇与"二萧"一同租住了观象一路一号的一所石砌二层小楼的一楼的两间房子，两对夫妇各一间定居下来。这是座临海的小石楼，凭窗而望，或在院中凭栏而望，两面都可看到海。房子的对面则是一列葱茏的山，在其中的一座山峰上有一所石头房子，房子的前面有一支旗杆，旗杆上面的旗帜常常变幻着不同色彩和图案，那是报告天气以及限制船舶进出港的信号。

同样是在舒群的帮助下，萧军担任了《青岛晨报》副刊的主编，萧红也担任了《新女性周刊》的编辑。在青岛这段时间，他们不愁吃穿，生活和工作都很有规律，这是萧红生活中难得的一段轻松愉快的时光。当时在《青岛晨报》做编辑的梅林，曾十分生动地描述了萧红在青岛时期的情形：

> ……悄吟用一块天蓝色的绸子撕下粗糙的带子束在头发上，布旗袍，西式裤，后跟磨去一半的破皮鞋，粗野得可以。于是，我们徜徉在葱郁的大学山，栈桥，海滨公园，中山公园水族馆，唱着"太阳起来又落山啊"；而在午后则把自己抛在汇泉海水浴场的蓝色大海里，大惊小怪的四处游泅着。悄吟在水淹到胸部的浅滩里，一手捏着鼻子，闭起眼睛，沉到水底下去，努力爬蹬了一阵，抬起头来，呛嗽着大声喊：
>
> "是不是我已经泅得很远了？"
>
> "一点儿也没有移动……"[1]

正是在这种充满浪漫气息的生活中，萧军开始写作他的长篇小说《八月的乡村》，萧红也继续她的中篇小说《麦场》（出版时改名为《生死场》）的写作。在哈尔滨时萧红写了《麦场》

---

[1] 梅林：《忆萧红》，见《梅林文集》，上海春明书店，1948 年版，第 27 页。

的前十章，其中前两章《麦场》和《菜圃》曾于1934年4月20日至5月17日在哈尔滨《国际协报》副刊《国际公园》上以悄吟为笔名连载发表。至1934年9月9日，萧红在青岛又完成了后七章。

在书稿完成后，萧红轻松、喜悦之余，又有些迷茫：这书稿如何发表或出版呢？哈尔滨有熟人，也有发表的园地，但那里是不能发"反满抗日"作品的。于是，"二萧"给鲁迅写了一封信，请鲁迅给他们指导和帮助。为什么想到了鲁迅呢？这件事还是缘于《青岛晨报》的负责人，即荒岛书店的经理孙乐文，他去上海办理业务，在内山书店巧遇鲁迅，后来就与"二萧"说起了这件事。经孙乐文指点，他们化名"萧军"给鲁迅

1934年夏，创作《生死场》时的萧红于青岛樱花公园

寄了第一封信。信中说到了《野草》对他们的影响以及他们对先生的崇敬之情；向鲁迅请教了文学青年要写什么样的作品；询问鲁迅能否看一看萧红的小说手稿（就是后来的《生死场》）。信是 10 月初发的，他们怀着不安与期待的心情盼望鲁迅的回信。他们不知道信能否寄到内山书店，不知道信能否转到鲁迅手中，不知道鲁迅会怎样对待这封信，一切都是未知数。

让"二萧"没想到的是，这封信竟又一次改变了他们的命运！鲁迅收到了来信，并于当天就写了回信：

　　萧军先生：

　　给我的信是收到的。徐玉诺的名字我很熟，但好像没有见过他，因为他是做诗的，我却不留心诗，所以未必会见面。现在久不见他的作品，不知到哪里去了？

　　来信的两个问题的答复——

　　一、不必问现在要什么，只要问自己能做什么。现在需要的是斗争的文学，如果作者是一个斗争者，那么，无论他写什么，写出来的东西一定是斗争的。就是写咖啡馆跳舞场吧，少爷们和革命者的作品，也决不会一样。

　　二、我可以看一看的，但恐怕没有功夫和本领来批评。稿可寄"上海，北四川路底，内山书店转、周豫才收"，最好是挂号，以免遗失。

　　我的那一本《野草》，技术并不算坏，但心情太颓唐了，因为那是我碰了许多钉子之后写出来的。我希望你脱离这种颓唐心情的影响。

　　专此布复，即颂

　　时绥。

迅上

十月九夜 [1]

信中回答了他们提出的问题，并答应可以看看他们的书稿。这对"二萧"来说是极大的鼓舞。萧军后来感慨道：

　　读者可能体会得到，也可能体会不到，我们在那样的时代，那样的处境，那样的思想和心情的状况中而得到了先生的复信，如果形象一点说，就如久久生活在凄风苦雨、阴云漠漠的季节中，忽然从腾腾滚滚的阴云缝隙中间，闪射出一缕金色的阳光，这是希望，这是生命的源泉；又如航行在茫茫无际夜海上的一叶孤舟，既看不到正确的航向，也没有可以安全停泊的地方……鲁迅先生这封信犹如从什么远远的方向照射过来的一线灯塔上的灯光，它使我们辨清了应该前进的航向，也增添了我们继续奋勇向前划行的力量！[2]

---

[1] 鲁迅：《鲁迅全集》第13卷，人民文学出版社，2005年版，第224—225页。
[2] 萧军：《鲁迅给萧军萧红信简注释录》，黑龙江人民出版社，1981年版，第21页。

这期间，"二萧"身边还发生了一件重要的事：他们在青岛的好友舒群因参与共产党地下活动而被警察署逮捕，同时被捕的还有他的妻兄、妻弟，因为当天正是中秋节，舒群夫妇在他岳母家过节。那天舒群也邀"二萧"去他岳母家过节，他们因有事就没去，否则的话也可能被"一网打尽"了。这样《青岛晨报》停办。看来青岛已经住不下去了，而不久之后，萧军也完成了他的长篇小说《八月的乡村》的写作。于是，他们又像离开哈尔滨一样，卖掉了所有家什，仓促离开青岛，去上海投奔鲁迅先生了。

"二萧"在青岛生活了不足五个月，但在他们的创作生涯中却是很重要的一站。在青岛，他们逃出了日本侵略者的魔爪；在青岛，他们蓄积了力量，完成了各自的成名作《生死场》和《八月的乡村》，青岛是这两部文学名作诞生的摇篮；在青岛，他们与鲁迅建立了通信联系，燃起了新的希望。四十多年后，萧军提起青岛还充满感情："……尽管我东飘西泊，也还并未忘记这个我曾经几次居留过的美丽的山岛，它给我留下了深深的印象和深深的感情！"[1]并赋诗抒怀：

　　云影天光碧海滨，一番追忆一怆神。

[1] 萧军：《青岛怀踪录·并序》，见《萧军全集》第10卷，华夏出版社，2008年版，第180页。

蝉声永日听残梦，鸥影孤帆送远人。

夜气如磐怀故垒，青灯坐对细论文。

似真似幻余何有？残简依稀认未真。

——《小楼居处》[1]

---

[1] 萧军：《青岛怀踪录·并序》，见《萧军全集》第 10 卷，华夏出版社，2008 年版，第 180—181 页。

二　来到鲁迅身边

　　1934年11月初，"二萧"流亡到当时的中国文化中心上海。他们在拉都路（今襄阳南路）北段路东租到一个亭子间，然后马上与鲁迅取得了联系，他们渴望见到这位青年的导师、文化的巨匠。但由于鲁迅在上海租界过着半隐居的生活，如果不经过一番考察是不会轻易见陌生人的，更不巧的是鲁迅这段时间又生病了。

　　初冬的上海寒气逼人，萧红披着外套在透风的亭子间里为萧军誊写《八月的乡村》，冻得直淌清鼻涕。此时，给鲁迅写信、盼鲁迅回信、读鲁迅回信，成了"二萧"生命中最重要的事情。他们很少外出，因为他们连坐公交车的钱都舍不得花。来上海所带的40元，路费用去了一半，租房子又用了9元，再买了一袋面粉和必要的炊具等，就所剩无几了。并且，要想在上海长期住下去就要有生活来源，没钱又没有职业的"二萧"感到有些茫然。面袋子一天天地矮了下去，他们的生存成了问题。在上海举目无亲，向哈尔滨的朋友发信求助，但远水不解近渴。眼看生活无以为继，在万般无奈的情况下，他们写信向鲁迅求援。鲁迅复信说："工作难找，因为我没有和别人交际。"
关于借钱的事，鲁迅的信中说："我可以预备着，不成问题。"[1]
鲁迅不但帮他们解了燃眉之急，还安慰他们说这是小事，不必
放在心上。鲁迅的回信让在冰冷的亭子间里的"二萧"感到了
暖意，正是"涸辙一滴水，胜似西江波"！

　　"二萧"终于盼来了鲁迅相约见面的信，在11月30日，"二
萧"在北四川路的内山书店见到了仰慕已久的鲁迅。见面后鲁
迅把他们领到附近的一家白俄开的小咖啡馆，与许广平和海婴
见了面。萧红给许广平留下的印象很深，许广平后来回忆说：
"（萧红）中等身材，白皙，相当健康的体格，具有满洲姑娘
特殊的稍稍扁平的后脑，爱笑，无邪的天真……"[2]

　　这次见面，对鲁迅夫妇来说，是很愉快的。许广平回忆说：

　　　　大约一九三四年的某一天，阴霾的天空吹送着冷寂的歌调，
　　在一个咖啡室里我们初次会着两个北方来的不甘做奴隶者。他
　　们爽朗的话声把阴霾吹散了，生之执着，战之喜悦时常写在脸
　　面和音响中，是那么自然，随便，毫不费力，像用手轻轻拉开
　　窗幔，接受可爱的阳光进来。[3]

---

[1] 鲁迅：《鲁迅全集》第13卷，人民文学出版社，2005年版，第260页。
[2] 许广平：《忆萧红》，见《怀念萧红》，黑龙江人民出版社，1984年版，第13页。
[3] 许广平：《忆萧红》，见《怀念萧红》，黑龙江人民出版社，1984年版，第12页。

从此，两个散兵游勇有了归宿，"二萧"成了鲁迅的得意门生，鲁迅成了"二萧"的恩师，他们之间建立了深厚的师生情谊。

半个月后，鲁迅写信邀"二萧"到广西路的梁园豫菜馆吃饭。他们接到来信后，简直不敢相信这是真的。他们把信捧在手上，捧在胸前，看着、读着，激动得落下泪来。多少年后，萧军忆起当时的情景还激动不已："我们这两颗漂泊的、已经近于僵硬了的灵魂，此刻竟被这意外而来的伟大的温情，浸润得近乎难于自制地柔软下来了，几乎成了婴儿一般的灵魂！"[1]为了赴鲁迅的宴会，萧红特意跑到街上买了块布料，然后飞针走线，用了一天多的时间，为萧军缝制了一件合身的俄式衬衫。

12月19日晚，"二萧"赴宴。席上九人，除鲁迅一家外，还有茅盾、叶紫以及聂绀弩、周颖夫妇。宴会名义上是贺胡风儿子的满月（胡风夫妇接到通知晚了，所以没能参加），但实际上是专为"二萧"这对从东北来的文学新人而安排的，让他们认识几个文坛上的朋友，给他们在上海发展创造些方便条件。为了纪念这次宴会，也是为了纪念萧红给萧军缝制的这件新"礼服"，"二萧"后来还特意到法租界万氏照相馆照了一张照片。

鲁迅的这次宴会达到了预期目的：叶紫被鲁迅指派为"二

---

[1] 萧军：《鲁迅给萧军萧红信简注释录》，黑龙江人民出版社，1981年版，第100页。

萧"在上海的向导，帮助他们熟悉上海的生活，在上海尽快扎下根来。他们年龄相仿，很快成了好朋友，并在不久之后共同策划了"奴隶丛书"的出版；聂绀弩后来与他们去西北的时候，曾像大哥一样地关照过他们，并与萧红、端木蕻良等共同创作了话剧《突击》；茅盾后来与萧红关系非常好，他关心萧红的创作，曾为萧红的《呼兰河传》作序；胡风虽然没参加这次宴会，不过不久他们在别的场合见了面，并一见如故。萧红给胡风的印象是："很坦率、真诚，还未脱女学生气，头上扎着两条小辫，穿着朴素，脚上还穿的是球鞋呢。没有当时上海滩上的姑娘们的那种装腔作势之态。"[1]后来胡风和他们交往频密，很不见外，胡风甚至于当着萧军的面说："她（萧红）在创作才能上可比你高，她写的都是生活，她的人物是从生活里提炼出来的，活的。不管是悲是喜都能使我们产生共鸣，好像我们都很熟悉似的。而你可能写得比她深刻，但是没有她的动人。你是以用功和刻苦，达到艺术的高度，而她可是凭个人的天才和感觉在创作。"[2]萧红的成名作《生死场》就是由胡风命名并作"读后记"的。除了在上海过从甚密外，胡风在武汉、重庆，乃至于香港，都与萧红有些交往。

---

[1] 胡风：《悼萧红》，见《胡风全集》第7卷，湖北人民出版社，1999年版，第130页。
[2] 同上书，第131页。

初来上海时，令他们困扰的还有稿件屡投不中，萧红曾为此抱怨说："东西寄出去，连一点影子都没有。"[1] 得到鲁迅的积极推荐和热心帮助后，情况就不同了，萧红的稿子不但介绍给陈望道主编的《太白》，也介绍给郑振铎主编的《文学》等大刊物，萧红的作品开始频频出现在上海多家报刊上。

鲁迅还抽时间给"二萧"写信。在不到一年半的时间里，共给他们写了 53 封信，平均 10 天一封。有一次，一天竟接连发出了 4 封信！并且复信非常及时，其中属于"即复"或"午复""夜复"的信件就有 20 封以上。信中，对他们的每一个问题都作耐心解答；对他们流露出来的低落情绪及时纠正；对他们初到上海应注意的事项给予提醒；对他们的创作悉心指导……须知，当时的鲁迅时常煎熬在病痛之中！正如萧军所说："除非具有真正的伟大的灵魂，伟大的人格，伟大胸怀的人，是难于做到的！"[2] 在无亲无故、生活尚无着落的上海，鲁迅的来信成了"二萧"生活中的希望和强大的精神支柱。

鲁迅还向"二萧"敞开自家的大门，邀请他们到施高塔路（今山阴路）大陆新村九号家里做客。鲁迅的家是很少向外人开放的，却允许他们像自家人一样随便出入，可见鲁迅对他们

---

[1] 梅林：《忆萧红》，见《梅林文集》，上海春明书店，1948 年版，第 32 页。
[2] 萧军：《鲁迅给萧军萧红信简注释录》，黑龙江人民出版社，1981 年版，第 19 页。

的信任和赏识。1935年5月2日,鲁迅一家还横穿上海市区去"二萧"在拉都路351号的住处。10月27日,鲁迅一家第二次去"二萧"家。后来他们为了避免鲁迅给他们写信劳神,也为了照应鲁迅的生活,就搬到鲁迅家附近的四川路。此后"二萧"便成了鲁迅家的常客。据统计,鲁迅在日记中记载与他们的书信往来、来访做客等事就达180余次。早在20世纪20年代,鲁迅就被誉为文学青年的导师,受过鲁迅教益的青年作家很多,但没有谁像"二萧"那样得到鲁迅那么多的关照。

1935年夏,"二萧"在上海拉都路351号寓所前留影,以纪念鲁迅的来访

三 萧红红了

1934年10月"二萧"在青岛的时候，就把《生死场》的手稿寄给了鲁迅，请鲁迅"批评"。可以说，这部小说的出版浸透了鲁迅的心血。鲁迅病逝后，许广平才告诉他们："你们的原稿确是曾使鲁迅先生吃过苦头。因为那原稿是用日本制的薄棉纸，而且是用复印纸写的，字迹又小又密……周先生又要在夜间的灯光下来看，因此在原稿纸下必须垫上一张白纸才能够看得清楚些。周先生戴花镜……他一面看原稿……一面自己叹着：'嗳！眼睛不成了！'"[1]1934年12月20日，鲁迅写信告知萧红《生死场》已推荐给生活书店，他们愿意出版，已报送检查去了，若通过，就可以排版。次年2月，送审无结果。于是，萧军、萧红与叶紫打算做一套丛书，自费出版自己的作品。为了便于发售，他们虚拟了一个社团"奴隶社"，把这套丛书取名为"奴隶丛书"，让人以为这套书是一个团体出的，而不是私人非法出版的。他们还请鲁迅给每本书作一篇序言。"奴隶

---

[1] 萧军：《鲁迅给萧军萧红信简注释录》，黑龙江人民出版社，1981年版，第84页。

丛书"出了三本：第一本是叶紫的短篇小说集《丰收》，第二本是萧军的长篇小说《八月的乡村》，第三本就是萧红的中篇小说《生死场》。萧红还发挥了绘画的才能，自己为《生死场》设计了封面。这样，这部动笔于哈尔滨、脱稿于青岛的小说，直到1935年12月才最终以虚构的容光书局的名义在上海出版了。

鲁迅为《生死场》作序，胡风为小说定名（小说初名《麦场》），并写了"读后记"。鲁迅的《生死场·序言》从思想内容、表现技巧到小说的社会作用与影响都做了充分的肯定。鲁迅认为："这自然还不过是略图，叙事和写景，胜于人物的描写，然而北方人民对于生的坚强，对于死的挣扎，却往往已经力透纸背；女性作者的细致的观察和越轨的笔致，又增加了不少明丽和新鲜。精神是健全的，就是深恶文艺和功利有关的人，如果看起来，他不幸得很，他也难免不能毫无所得。"[1]胡风在《生死场·读后记》中评价说："读了这个中篇，我吃惊于作者对她所写的人物的敏锐的感觉，用字的大胆，和特殊的风格，这是一个有着发光的才华的未来的女作家。"[2]鲁迅

---

[1] 鲁迅：《萧红作〈生死场〉序》，见《鲁迅全集》第6卷，人民文学出版社，2005年版，第422页。

[2] 胡风：《悼萧红》，见《胡风全集》第7卷，湖北人民出版社，1999年版，第130页。

的序言及胡风的"读后记",确定了《生死场》在当时文坛的地位,扩大了它的影响。

鲁迅除了在《生死场》序言中褒扬萧红,在给"二萧"的信中也称萧红的写作"和玩些技巧的所谓'作家'的作品大两样"[1]。他还常向朋友推荐萧红,认为与萧军相比,"在写作前途上看起来,萧红先生是更有希望的"[2]。不仅如此,鲁迅还向外国友人举荐《生死场》及其作者,说《生死场》是"中国女作家所写的最有力的现代小说之一"[3],断言萧红"是我们女作家中最有希望的一位","很可能取丁玲的地位而代之"[4]……没有哪位作家能得到鲁迅如此高的评价。

鲁迅不仅多次大加肯定萧红的才华,而且在创作理论和技法上对她作具体的指导,使她受益匪浅。比如,鲁迅称誉了《生死场》"越轨的笔致"[5]此后,她愈发自觉地越起轨来,去写自己的小说,这就促成了"萧红式"风格的形成。再如,鲁迅说《生死场》"描写人物并不怎么好"[6],萧红便汲取了教训。

[1] 鲁迅:《鲁迅全集》第 13 卷,人民文学出版社,2005 年版,第 378 页。

[2] 许广平:《追忆萧红》,见《怀念萧红》,黑龙江人民出版社,1984 年版,第 17 页。

[3] 史沫特莱:《中国的战歌》,作家出版社,1986 年版,第 530 页。

[4] 史诺(斯诺):《活的中国:中国当代小说选》,转引自葛浩文:《萧红新传》,三联书店(香港),1989 年版,第 58 页。

[5] 鲁迅:《萧红作〈生死场〉序》,见《鲁迅全集》第 6 卷,人民文学出版社,2005 年版,第 422 页。

[6] 鲁迅:《鲁迅全集》第 13 卷,人民文学出版社,2005 年版,第 584 页。

而后期小说中的人物，像"马伯乐""翠姨"等形象，就成熟得多了。萧红的创作实践可以说是对鲁迅创作的继承与自然延伸：无论是主题的反映"国民性"的角度，还是题材的"乡土文学"的表现；无论是风格的讽刺与幽默，还是作为文体家的创新能力。

萧红在出版《生死场》时，根据鲁迅的建议，用了新的笔名，以便《生死场》一旦出了"问题"，她还可以在公开刊物上发表文章。这个新笔名就是"萧红"。为什么叫"萧红"呢？一是随夫萧军的笔名（萧军给鲁迅写第一封信时开始用该名），"萧红"这个笔名之意，即为萧军的妻子，也就是萧军、萧红是夫妻；再一个就是萧红本人喜欢红色，常穿红色的衣服。这样在出版《生死场》时就第一次用了"萧红"这个笔名。《生死场》一经问世，一个闪光的名字——萧红，便在中国现代文坛出现了。

《生死场》是萧红的成名作，它为作者赢得了崇高的声誉。《生死场》一出版就成为当时最受欢迎的作品，并在一年内再版了五次，足见其社会影响之大。《生死场》不仅使萧红从此登上了壁垒森严的上海文坛，也敲开了中国文学殿堂的大门，使她步入中国著名女作家之列。

《生死场》的成功与其积极的思想内容是分不开的。这部当时被称为抗日文学的作品，出版于东北沦陷四年后、全面抗战爆发前夕，东北人民身受的亡国之苦，已成为全国人民的切肤之痛，中国又面临着日本大举入侵的新的危机。这时，一个从东北流亡到上海的新作家，把日伪统治下的东北人民的灾难真实地呈现在读者面前，自然会引起读者的注意和激动。《生死场》作为"奴隶社"的"奴隶丛书"之一，在民族危机日益严重、抗日救亡运动蓬勃发展的形势下，无疑激发了读者的民族感情，表达了不愿做奴隶的亿万中国人民的抗敌心声。《生死场》是抗战文学的先声，被称为"先声文学""号角文学"，它起到了号召抗日救亡运动的积极作用。因此，它就像聂耳的《义勇军进行曲》一样，起到了催人奋进的号角作用。

《生死场》中所反映的生活来源于活生生的现实。自从日寇占领东北后，东北人民的反日斗争从未停止过，就哈尔滨地区而言，投军的青年学生很多。哈尔滨近郊还蔓延着"大刀会""红枪会"等抗日武装组织，成员大部分是农民和工人，他们没有新式武器，只提着大刀长矛火铳，不惧生死地和日寇战斗。在与牵牛坊的朋友交往中，萧红接触到哈尔滨及附近地区的许多抗日事迹。之后萧红又接触到中共满洲省委巡视员，刚从吉林磐石游击区来的傅天飞。傅天飞畅快淋漓地向萧军、萧红讲述了他跟随杨靖宇将军在磐石创建中国最早的一支抗日游击队的事迹。磐石抗日游击队从小到大的发展历程中，有血与火的战斗场景，有可歌可泣的英雄人物，充满了大无畏的精神。萧红就是用这些素材创作了被称为"抗日文学"的《生死场》，小说中就出现了"红枪会""人民革命军"等抗日组织的名称。可以说，《生死场》崭新的主题、陌生的生活领域、斗争的气息，是那些关在亭子间的作家绝对写不出来的，更是那些多写身边琐事、天伦闺阁、儿女情长的女作家写不出来的。萧红的视野比较开阔，作品描写了北方农民在封建地主阶级残酷剥削下的悲惨生活，以及日寇入侵后他们民族意识的觉醒和奋起斗争。这在当时是很可贵的，对文艺界是一个启迪。《生死场》"无疑地给上海文坛一个不小的新奇与惊动，因为是那么雄厚和坚定，是血淋淋的现实缩影"。[1] 在 1935 年的中国文坛上发出了清新刚健的声音。《八月的乡村》与《生死场》开拓了一个新鲜领域，从此中国现代文坛上增添了新的一页——东北抗日文学，"二萧"也成为令人羡慕的两颗文坛新星。

萧红得到鲁迅的提挈，创作就像山中瀑布，奔泻而下，在短时间内发表了不少小说、散文。这可以看作萧红创作的一个

---

[1] 许广平：《追忆萧红》，见《怀念萧红》，黑龙江人民出版社，1984 年版，第 17 页。

丰收期。《生死场》出版后，经过时间的过滤和感情的沉淀，萧红又以"悄吟"为笔名，于1936年8月在上海出版了散文集《商市街》，这是萧红的第一部正式出版物。无论从技巧运用角度，还是从创作的数量上看，《商市街》都是最能代表萧红散文成就的一部作品。该书出版不到一个月就再版，可见其受欢迎的程度。这是萧红在散文领域里的成功之作，在萧红的创作中具有重要意义，萧红的散文家的声誉，也就是由这本《商市街》奠定的，正如《生死场》奠定了她的小说家声誉一样。

1935年，上海

美国的汉学家葛浩文称《商市街》是"注册商标式的优美简洁"[1]，并把它同《生死场》《马伯乐》《呼兰河传》并称为萧红的四部代表作。

《商市街》是由41篇有着一定自传性和连贯性的系列散文组成，它完全是"二萧"在哈尔滨那段生活的实录，其书名就取自他们曾住过的那条街的街名。散文从"二萧"居无定所的《欧罗巴旅馆》写起，直到别离哈尔滨的《最后的一个星期》。正如萧军在《商市街·读后记》中强调的那样："这仅仅是一点不折不扣的生活记录。"[2] 萧红在《商市街》中动情地追怀往事，表达了她对商市街生活的无限怀念，也表现了她对萧军的钟情，尽管在上海期间他们之间已出现裂痕，尽管萧军感情不专一。邢富君先生曾提出，萧红的《商市街》，除了忆旧，也是有所寄托的，那就是她希望萧军也能像自己一样珍重感情，不负初衷。甚至有人认为萧红的《商市街》就是写给萧军的，严英秀说《商市街》："不是炫耀，不是宣泄，而是对已然要逝去的所有柔情缱绻的抚摸和挽留，是眼泪迷离的再回首……"[3] 这些都不无合理因素。《商市街》可以说是一种心

---

[1] [美] 葛浩文：《萧红评传》，北方文艺出版社，1985年版，第69页。
[2] 郎华（萧军）：《商市街·读后记》，见《商市街》，上海文化生活出版社，1936年版。
[3] 严英秀：《就连河流都不能带她回家》，载《文学自由谈》，2008年第1期。

境的独语，两人世界的反顾。萧红在写《商市街》的时候，是把自己经历过的生活以及在这种经历中内心的情感作为创作源泉的，单凭这一点，就保证了它的价值——为研究"二萧"的早期生活与创作提供了具体生动的材料。

还有小说散文合集《桥》（上海文化生活出版社，1936年11月）、《牛车上》（上海文化生活出版社，1937年5月）。在《桥》中收录了出色的短篇小说《桥》和《手》。从这两个短篇看，作家的笔触不只漫溢于形象的外部空间，而是开始向形象的内层结构伸展，人物形象的塑造代表了萧红所达到的新的艺术高度。因此，"两篇都能表现出作者无限的潜力"[1]。特别是短篇小说《手》，写的是一个染布匠的女儿来到哈尔滨念书，可就是因为家境贫寒，且有一双因劳动而染黑的手，就遭到了校长的侮辱和同学的霸凌。作品充满人道主义关怀，是一曲呼唤人格尊严的悲歌。萧红从1927年到1930年在哈尔滨东特女一中度过了整整三年难忘的学习生活，而直到1936年3月，这位才华卓著的女作家才终于写出了唯一的一篇以这段生活为题材的短篇小说《手》。厚积而薄发，十年磨一剑，这篇小说自然就成了萧红这位独特女作家的独特篇章，也成了中

---

[1] 葛浩文：《萧红评传》，北方文艺出版社，1985年版，第75页。

国现代文学史上的短制精品。

创作的成绩使萧红扩大了交际面，赢得了更多的朋友。萧红是现代文坛上很有"人缘儿"的作家，在上海期间经鲁迅的引见和介绍，萧红还结识了几位外国友人，比如美国女作家艾格尼丝·史沫特莱、日本的鹿地亘与池田夫妇，以及绿川英子。

史沫特莱（1892—1950年）1928年作为德国《法兰克福报》特派记者来华，1936年3月她与萧红在鲁迅家中相识，并且她们很快成了朋友。史沫特莱欣赏萧红的才华，对萧红的评价很高，称萧红是"在炽热的铁砧上锻炼成型"，"在许多方面远比美国女性先进的中国新女性"[1]。萧红也曾写过一篇评论史沫特莱作品的文章，那就是题为《〈大地的女儿〉和〈动乱时代〉》的读书笔记。在这篇读书笔记里，萧红谈到史沫特莱给自己留下的鲜明印象，还用钦佩的笔调，赞扬了史沫特莱的自传体小说《大地的女儿》："全书是晴朗的，艺术的，有的地方会使人发抖那么真切。"史沫特莱是在艰苦环境的磨炼中成长起来的女性，她开朗的个性、勇敢的精神以及对于理想境界的追求，恰与萧红有共通之处。惺惺惜惺惺，而她们又都是女性，所以一见如故，并保持了终生的友谊。中美的这两位

---

[1] 史沫特莱：《中国的战歌》，作家出版社，1986年版，第530页。

独特的女性，如夜空中的双子星，彼此照耀，互相颂赞。

鹿地亘是日本东京帝国大学汉文学系毕业生，经内山完造介绍认识了鲁迅，后来也就认识了萧红。1937年"八一三"抗战前夕，中日两国关系异常紧张，因为鹿地夫妇是日本人，在四周都是中国人的地方太显眼了，于是他们由中国人集中的法租界搬到北四川路日侨居民区。但过了两天他们又搬回法租界，原因是那里的日本居民都向他们戒严，把他们当作间谍看，并且有日本警察到他们住过的地方找过他们。当时公共租界上的日本警察有追捕日本人和韩国人的自由，这样一来鹿地夫妇会有性命之忧的。战争爆发后，两国人的界限更分明了。鹿地夫妇出门都成了问题，萧红在《记鹿地夫妇》一文中提到："假若没有人陪着他们，他们两个差不多就和哑子一样了。鹿地干脆就不能开口。至于池田一听就知道说的是日本的中国话。"鹿地夫妇不得已，只好住进了许广平家，但周围都是监视的眼光，外界很快传出许广平收留日本人的消息，那会被当作汉奸看待的。于是鹿地夫妇在萧红的帮助下避居旅馆，萧红告诉他们不要说日本话，因为隔壁的房间里说不定就住着中国人。为防万一，萧红还把他们的日记、文章等一些"致命"的东西带走。这时，除了"二萧"之外，没有其他人敢接触他们。萧红作为女性出入旅馆较为方便，这使鹿地夫妇的生活方便了许多。

关于这件事许广平曾给萧红以高度评价，她说："在患难生死临头之际，萧红先生是置之度外的为朋友奔走，超乎利害之外的正义感弥漫着她的心头，在这里我们看到她却并不软弱，而益见其坚毅不拔，是极端发扬中国固有道德，为朋友急难的弥足珍贵的精神。"[1]

绿川英子，原名长谷川照子，生于1912年，小萧红一岁。她是日本的世界语学者，1935年应中国普罗世界语联盟的《世界》杂志之约撰稿，从此投身中国革命。1936年与中国留日学生刘仁结婚，1937年4月到中国。抗日战争期间，满怀正义感和人道主义精神的绿川英子担任对日广播的反战宣传工作。1937年在上海期间，她与萧红曾做过一个来月的同屋房客。时间虽然短暂，但彼此相处都很愉快。1938年末她们又在重庆见了面，并且又在一起小住了一段时间。萧红给她的印象是："巨大的眼睛，响亮的声音……是一个善于抽烟，善于喝酒，善于谈天，善于唱歌的不可少的脚色。"[2]

20世纪30年代的上海滩是冒险家的乐园。"二萧"这对狂妄的、自信的冒险家，终于在这里开辟了一块属于自己的园地，拥有了一片属于自己的天空。由于"二萧"在上海"发迹"，

[1] 许广平：《追忆萧红》，见《怀念萧红》，黑龙江人民出版社，1984年版，第22页。
[2] 绿川英子：《忆萧红》，见《怀念萧红》，黑龙江人民出版社，1984年版，第57页。

产生了一定的头羊效应，也由于"九一八"事变后东北文化环境的恶劣，东北作家几乎被从故土连根拔起，他们纷纷流亡关内。当时流亡上海的东北作家除了"二萧"外还有一些人，比如：写出《遥远的风沙》《鸳鹭湖的忧郁》的端木蕻良，写出《没有祖国的孩子》的舒群，写出《依瓦鲁河畔》《生与死》的白朗，写出《呼兰河畔》《第七个坑》的罗烽，写出《流亡者之歌》的穆木天，写出《丰年》《山河集》的李辉英，等等。1936 年 9 月，上海生活书店出版的《东北作家近作集》就收录了罗烽、宇飞、穆木天、白朗、陈凝秋（塞克）、舒群、李辉英、黑丁等八人的作品。他们的作品多表现了对日寇的仇恨和反抗，对铁蹄下的父老乡亲的深切同情，对故园的无限眷恋，十分引人注目。一个个东北作家出手不凡，给精巧的上海文坛送来粗犷的东北风，人们惊呼，上海出现了"东北作家群"！

四　沪上愁云

萧红与许广平，1936年春于上海大陆新村的鲁迅宅前

　　继 1935 年底《生死场》出版，1936 年初对萧红来说还有一个利好的事儿，那就是 1月19日，胡风、聂绀弩、"二萧"等人共同编辑的《海燕》创刊，并初战告捷。鲁迅得到刊物畅销的消息也抑制不住喜悦，当晚设宴庆贺。鲁迅当天的日记写道："晚同广平携海婴往梁园夜饭，并邀萧军等，共 11 人。《海燕》第一期出版，即日售尽二千部。"[1] 之后，《海燕》紧急加印一千册又卖没了，再加印一千册也销了出去。《海燕》属

---

[1] 鲁迅：《鲁迅全集》第 16 卷，人民文学出版社，2005 年版，第 587 页。

于同人性质的刊物，萧红在上海终于有了发表自己文章的园地。在《海燕》的创刊号上，刊发了萧红的散文《访问》；在《海燕》的第 2 期上，又刊发了萧红的散文《过夜》。

正当萧红想像海燕一样自由自在地、快乐地飞翔的时候，《海燕》第 3 期还未出刊就折翼了，遭到了国民党书报检察部门的查禁。紧接着，更大的暴风雨来临了。

1936 年春，"二萧"在哈尔滨认识的陈涓回到上海，又出现在萧红与萧军之间。陈涓此时已经在哈尔滨与袁亚成结婚了，这次是回上海省亲的。由于萧军与陈涓常在一起，萧红对萧军的忠诚产生了怀疑，这不仅给萧红精神上造成了极大的痛苦，而且陈涓的再次出现，使萧红与萧军感情上的裂痕扩大化和公开化了。许广平回忆说："有一个时期，烦闷，失望，哀愁笼罩了她整个的生命力……萧红先生无法摆脱她的伤感，每每整天的耽搁在我们寓里。"[1] "她有时谈得很开心，更多的是勉强谈话，而强烈的哀愁时常侵袭上来，像用纸包着水，总没法不叫它渗出来。自然萧红女士也常用力克制，却像加热在水壶上，反而在壶外面满都是水点，一些也遮不住。"[2] 萧红把苦闷情绪，倾注到她的组诗《苦杯》中。

[1] 许广平：《追忆萧红》，见《怀念萧红》，黑龙江人民出版社，1984 年版，第 18 页。
[2] 许广平：《忆萧红》，见《怀念萧红》，黑龙江人民出版社，1984 年版，第 13—14 页。

带着颜色的情诗，

一只一只是写给她的，

像三年前他写给我的一样。

也许人人都是一样，

也许情诗再过三年，

他又写给另外一个姑娘！

——《苦杯》（一）

这既有对爱人不忠的斥责，又有内心深处无尽的哀伤，也有对"她"的诚恳忠告。饮着失爱的苦酒，萧红发出了这样的诘问：

已经不爱我了吧！

尚与我日日争吵，

我的心潮破碎了，

他分明知道，

他又在我浸着毒一般痛苦的心上，

时时踢打。

——《苦杯》（四）

往日的爱人，

为我遮蔽暴风雨，

而今他变成暴风雨了！

让我怎样来抵抗？

敌人的攻击，

爱人的伤悼。

——《苦杯》（五）

也许压抑得太久了，所以爆发时才有如此的力度。爱人的粗暴与不忠，带给她巨大的精神折磨，和着泪水的文字溢满了《苦杯》。爱人已经不爱她了，因为"他给他新的情人的诗说：'有谁不爱个鸟儿似的姑娘！''有谁忍拒绝少女红唇的苦！'"萧红意识到了："我不是少女，/我没有红唇了……为生活而流浪，/我更没有少女美的心肠。"而他却"独自走了，/他独自去享受黄昏时公园里美丽的时光。/我在家里等待着，等待明朝再去煮米熬汤"（《苦杯》之六）。这样的打击对萧红太沉重了，她被失望、哀愁、烦闷和痛苦所缠绕。尽管如此，萧红还是极力抑制着自己，不愿让感情的洪水冲决理智的堤坝而泛滥成灾，她写道："泪到眼边流回去，/流着回去浸食我的心吧；/哭又有什么用！"（《苦杯》之九）她仍然怀着一颗善良的心，不将这些声张出去，怕给对方带来斥责声。

这便是当时萧红的心境。《苦杯》写的都是作者的内心感受，这种如泣如诉的调子充溢了整个组诗。《苦杯》题下的11首诗都是失恋诗，但它又不仅仅是一般地表现一个失爱者的痛苦。它有对爱情深刻的评价，耐心的期待，深情的呼唤，冷静的总结，清醒的自励。我们从中可以看出萧红的感情生活很累、很辛苦，也可以看出她对爱情非常珍视，她是个生活严肃的人。

为了平复精神上的创伤，弥合与萧军感情上的裂痕，萧红决定去日本东京住一个时期。在那里可以安心休养，可以专心写作，还可以阅读更多的世界名著。日本的出版业很发达，翻译出版了许多世界名著，当时中译本的外国作品也有不少是从日文转译的。喜爱读书的萧红希望通过学习日文，更多地领略世界名著的风采。另外，弟弟张秀珂此时正在日本东京留学，萧红期望见到弟弟。而这时陈涓已离开上海回哈尔滨，萧军追求陈涓不成，对自己的行为感到愧疚，便同意了萧红的决定，自己也去青岛，暂时分开一个阶段。四十多年后，萧军述及此事时说："我们自从一九三二年间同居以后，分别得这样远，预期得这样久，还是第一次，彼此心情全很沉重这是可以理解的。"[1]

1936年7月15日，萧红去日本前，正在发高烧的鲁迅设家宴为萧红饯行，许广平亲自下厨烧菜。鲁迅还像对出门远行的女儿一样，嘱咐萧红说："每到码头，就有验病的上来，不要

[1] 萧军：《萧红书简辑存注释录》，黑龙江人民出版社，1981年版，第7页。

怕,中国人就专会吓唬中国人……"[1]鲁迅在当天的日记中写道:"晚广平治馔为悄吟饯行。"[2]对于一个无家而渴望有家,有家而又要离家的人,一种家的氛围是多么值得珍惜啊!萧红就要孑然东去了,萧红与鲁迅谁也未料到这是他们共进的最后的晚餐,此一别竟成了他们的永诀。三个月后,即10月19日鲁迅在上海病逝。就在病逝前两周,鲁迅还曾写信给茅盾:"萧红一去之后,并未给我一信,通知地址;近闻已将回沪,然亦不知其详,所以来意不能转达也。"[3]之所以鲁迅没有接到萧红的信,是因为临行前,萧红和萧军商定谁也不给鲁迅写信,免得身体不好的鲁迅劳神复信。这样,萧红在日本期间,萧军在青岛期间,谁也没给鲁迅写信。

7月16日,就在萧红去日本的前一天晚上,黄源为萧红饯行,此时黄源的妻子许粤华也在日本留学,两人可以相互照应。为免鲁迅复信之辛劳,"二萧"还请黄源代为向鲁迅简单地报告他们在东京和青岛的情况,就不写信给鲁迅了。餐后,"二萧"与黄源到万氏照相馆拍了一张合影。

[1] 萧红:《萧红全集》第5卷,北方文艺出版社,2018年版,第131页。
[2] 鲁迅:《鲁迅全集》第16卷,人民文学出版社,2005年版,第612页。
[3] 鲁迅:《鲁迅全集》第14卷,人民文学出版社,2005年版,第162页。

1936年7月16日于上海。左起：黄源、萧军、萧红
照片背面萧军题字：悄于一九三六年七月十七赴日，此像摄于
十六日宴罢归家时。

五　东京子影

　　1936年7月17日，萧红只身乘船赴日本。开船不久萧红就有些晕船，以至于写给萧军的信没有写完就停下了。次日，船停靠长崎，萧红下船逛了逛。回到船上，继续给萧军写信，信中说："海上的颜色已经变成黑蓝了，我站在船尾，我望着海，我想：这若是我一个人，我怎敢渡过这样的大海！"[1]落寞的情绪渗透在字里行间，这是萧红生平致萧军的第一封信。

　　7月20日，萧红抵达东京，正在日本留学的许粤华等人来迎接。萧红刚到东京，还没吃饭就给萧军写信报平安。萧红在日本半年，给萧军写了36封信，平均每五天一封。她在小心地修补与萧军的感情裂痕，不时地对萧军的起居饮食发布"命令"，忠实地履行着妻子的职责。她在8月17日给萧军的信中说：

> 　　现在我庄严的告诉你一件事，在你看到之后一定要在回信上写明！就是第一件你要买两个软枕头，看过我的信就去买！硬枕头使脑神经很坏。你若不买，来信也告诉我一声，我在这

---

[1] 萧红：《萧红全集》第5卷，北方文艺出版社，2018年版，第97页。

边买两个给你寄去，不贵，并且很软。第二件你要买一张作被子来用的有毛的那种毯子，就像我带来的那样的，不过更该厚点。你若懒得买，来信也告诉我，也为你寄去。还有，不要忘了夜里不要（吃）东西。没有了。以上这就是所有的这封信上的重要事情。[1]

萧红在得知萧军并没有去办这件"重要事情"后，又去信督促。可惜萧红充满柔情的叮嘱，萧军并不领情，反而觉得"很不舒服，以至厌烦"。如果说萧军不懂爱，那倒不是，他对此发牢骚说："她从来是这样像个'小老太婆'似的，在生活上'干涉'得过多，我几乎有点'厌烦'以至'怕'她了，我本来是个任性惯了的人，冷热寒暖饥饱……不太在意……因此她就常常监视我，不管在自己家里，还是在朋友家里……这就使我感到很大的'不自由'"[2]应该给爱留点空间，这往往要比"无微不至"好些。也许萧红用另一种方式表达关爱，对他更合适。

在许粤华的安排下，萧红寄住在东京鞠町区富士见町二丁目九一五中村方。萧红到东京之后，没有遇见弟弟张秀珂，弟弟刚刚回国。张秀珂在日本期间，因为与中国关内信函频繁，且广泛涉猎进步书刊，受到日本宪兵的注意，不得不中断学业，

---

[1] 萧红：《萧红全集》第5卷，北方文艺出版社，2018年版，第102页。
[2] 萧军：《萧红书简辑存注释录》，黑龙江人民出版社，1981年版，第66—67页。

提前回国。与弟弟失之交臂，让萧红非常失望。8月27日，许粤华因公公病重，经济保障出了问题，也不得不提前回国，萧红失去了在日本唯一的熟人。此后的萧红寄居异邦，举目无亲，伴着她的只有檐前滴雨、孤树鸣蝉、秋叶冬雪，这些都曾牵动她的乡愁。她感到特别孤单、寂寞。好在她报名的日语班9月中旬就开课了，她每天都要去东亚高等预科学校学日语，此外萧红就是集中精力写作。很快她就完成了小说《王四的故事》《红的果园》《家族以外的人》《孤独的生活》和《牛车上》，在她回国后的1937年5月结集为《牛车上》出版。

　　1936年10月19日鲁迅病逝，20日消息传到日本，21日萧红在一份日文报纸上隐约得到鲁迅逝世的消息，萧红先是很惊惶，并不相信这是真的："鲁迅先生是死了吗？于是心跳了起来，不能把死和鲁迅先生这样的字样相连接。"（《在东京》）萧红当天给萧军写信提到她在东京买了一本画册打算送给鲁迅，鲁迅去世了，再也看不到这本画册了。23日当萧红在一份中国报纸上确知鲁迅逝世了，她非常悲痛，24日她给萧军写了一封信。信中请萧军替自己向鲁迅先生的遗体敬献一个花圈，还希望萧军能够多去许广平处安慰她，帮她度过这段最难耐的悲痛时期。这封信以《海外的悲悼》为题名发表在1936年11月15日的《中流》上，这成了萧红哀悼鲁迅的第一篇文字。

11月19日，萧红又写信给萧军，提出快一些整理、出版《鲁迅全集》的建议，因为日本也准备出鲁迅的全集。萧红认为"中国人集中国人的文章总比日本集他的方便"[1]。可见萧红对恩师的情谊多么深厚。

这是怎么了？来日本才三个月，恩师鲁迅就病逝了；才来一个月，自己唯一的熟人许粤华回国；刚到日本就得知弟弟已经回国，自己与弟弟擦肩而过……真是人世无常啊！在日本期间，萧红生活在孤独、寂寞之中，悲哀和苦闷如影随形般地一直缠绕着她，她心里不时感到堵得慌。于是，她把这些负面情绪倾泻在组诗《沙粒》中。为什么取名《沙粒》呢？萧红在诗里说得很清楚：

> 还没有走上沙漠，
> 就忍受着沙漠之渴。
> 那么，
> 既走上了沙漠，
> 又将怎样！
>
> ——《沙粒》（十八）

萧红身在异国，就像置身于沙漠，多么渴望感情的甘露滋

---

[1] 萧红：《萧红全集》第5卷，北方文艺出版社，2018年版，第139—140页。

萧红在东京

润自己干涸的心田。这是外部环境，内心状态又是什么样呢?

> 人在孤独的时候，
>
> 反而不愿意看到孤独的东西。
>
> ——《沙粒》（十六）

> 烦恼相同原上的青草，
>
> 生遍了我的全身。
>
> ——《沙粒》（十四）

> 当悲哀，
>
> 反而忘记了悲哀，
>
> 那才是最悲哀的时候。
>
> ——《沙粒》（二十六）

什么是痛苦，

说不出的痛苦最痛苦。

——《沙粒》（三十四）

这些偏重寓理的精粹小诗分别写了孤独、烦恼、悲哀、痛苦等的心情，它们就像沙粒一样壅塞在胸中，坚硬、细碎，而难于排解，使萧红倍感沉重、压抑和窒息。

我的胸中积满了沙石，

因此我所想望着的：

只是旷野、高天和飞鸟。

——《沙粒》（十三）

萧红也想清理心中的沙粒，摆脱这种心灵的重负，振翅高飞。那么，她又为什么会感到"胸中积满了沙石"呢？

失掉了爱的心板，

相同失掉了星子的天空。

——《沙粒》（二十五）

没有爱，就没有光，不正像没有星星的夜空吗？没有寄托的心，也像浮萍一样四处漂泊：

走吧，

还是走。

若生了流水一般的命运，

为何又希求着安息！

——《沙粒》（三十六）

何处是自己的归宿呢？她内心茫然：

从异乡又奔向异乡，

这愿望多么渺茫，

而况送着我的是海上的波浪，

迎接我的是异乡风霜。

——《沙粒》（三十一）

她对未来的生活既怀着希冀，又缺乏信心：

绿色的海洋，

蓝色的海洋，

我羡慕你的伟大，

我又怕你的惊险。

——《沙粒》（九）

有人说萧红"情感胜过理智"[1]，但从组诗《沙粒》中我们可以看到一个饱经忧患的女性遭受重重打击后，对爱情、人生、社会充满哲理性的思考。其中的许多诗带着明显的自省意识：

---

[1] 许广平：《追忆萧红》，见《怀念萧红》，黑龙江人民出版社，1984年版，第18页。

月圆的时候，

可以看到；

月弯的时候，

也可以看到。

但人的灵魂的偏缺，

却永也看不到。

——《沙粒》（十九）

理想的白马骑不得，

梦中的爱人爱不得。

——《沙粒》（二十）

但她还是忍痛吟道：

只要那是真诚的，

哪怕就带着点罪恶，

我也接受了。

——《沙粒》（三十二）

她有过惶惑，但更多的是自励：

七月里长起来的野菜，

八月里开花了。

我伤感它们的命运，

我赞叹它们的勇敢。

——《沙粒》（一）

这不单单伤感野菜生命的短暂，更赞叹它们求生的勇敢，这正是萧红对人生价值的可贵评价。像这样的诗还有：

　　　　生命为什么不挂着铃子？

　　　　不然丢了你，

　　　　怎能感到有所亡失。

　　　　　　　　——《沙粒》（十七）

　　人生几何？生命如朝露那么短暂，以至于当失去的时候都无法察觉。真是来也匆匆，去也茫茫。为了使人生有意义，就要"挂着铃子"不断地提醒自己、催促自己。

　　爱情上的失意，使萧红的生活暗淡无光，而她又把爱情的苦酒浇在绵绵的乡愁上，使这种沉郁的色调更加浓重：

　　　　我爱钟楼上的铜铃，

　　　　我也爱屋檐下的麻雀，

　　　　因为从孩童时代它们就是我的小歌手呵！

　　　　　　　　——《沙粒》（二）

　　连故乡的铜铃、麻雀这些常人所不经意的东西都引起身居异国者的乡愁。

　　　　从前是和孤独来斗争，

　　　　而现在是体验着这孤独，

　　　　一样的孤独，

两样的滋味。

——《沙粒》（七）

在故国，孤独袭来的时候，尚能想办法摆脱；而在异国，当孤独笼罩着心头的时候，却只能忍耐了，所以说"一样的孤独，两样的滋味"。人在孤独的时候最易想家，"夜深人静的时候，是想家的时候"：

夜晚归来的时候，

踏着落叶而思想着远方。

头发结满水珠了，

原来是个小雨之夜。

——《沙粒》（六）

身在异国他乡，想的是远方的故乡和亲人，晚归的时候下起了小雨都不曾留意，直到头发上结满了水珠，才发觉：噢，原来下雨了！可见思乡之深切了。还有：

东京落雪了，

好像看到千里之外的故乡。

——《沙粒》（二十一）

萧红在散文《永久的憧憬和追求》中提起自己的家乡时说："那县城差不多就是中国的最东最北部……所以一年之中，倒有四个月飘着白雪。"现在面对异国的飞雪，她怎能不想起在这样的季节同样飘着白雪的故乡——那呼兰河边的小城呢？孤独之中，萧红就是这样，每每触景生情，不论雨雪，不管秋冬，都在思念着家乡。

在组诗《沙粒》中，我们看到了身居海外的萧红对家乡的热爱之情更加深沉了，对人生、对爱情的理解更加深刻了。

1936年11月，萧军在《作家》上发表了纪实小说《为了爱的缘故》，回顾了他与萧红在哈尔滨时期同舟共济、相濡以沫的爱情生活，表达了与萧红修好的愿望。萧红也是"为了爱的缘故"，于1937年1月9日离开东京回国，在日本历时半年整。

回国前夕的萧红，1937年于东京

六　北平孤旅

1937年3月，日本作家小田岳夫来上海，为日本即将出版的《大鲁迅全集》中《两地书》翻译的有关问题拜访许广平，于法租界霞光坊许广平寓所前留影
前排左起：鹿地亘、小田岳夫。后排左起：胡风、许广平、池田幸子、萧军、萧红（永松　摄）

　　1937年1月13日萧红返回上海。2月10日是夏历的除夕，按中国民俗要给逝去的亲人扫墓。许广平偕海婴和王蕴茹（周建人夫人）偕两个女儿前往虹桥的万国公墓凭吊鲁迅。这本是家祭，但相约而去的还有归国不到一个月的萧红，以及萧军、金人、袁淑琦、张秀珂等。不久，萧红写下了《拜墓》一诗：

　　　　跟着别人的脚迹，

　　　　我走进了墓地，

　　　　又跟着别人的脚迹，

来到了你的墓边。

那天是个半阴的天气，
你死后我第一次拜访你。
我就在你的墓边竖了一株小小的花草，
但，并不是用以招吊你的亡灵，
只是说一声：久违。

我们踏着墓畔的小草，
听着附近的石匠钻刻着墓石，
或是碑文的声音。
那一刻，
胸中的肺叶跳跃起来，
我哭着你，
不是哭你，
而是哭着正义。

　　音容宛在人不在，恨别花木垂泪痕。诗中表达了萧红对鲁迅的敬仰、爱戴之情，抒发了失去导师的悲痛、怀念之情。

　　经过日本这次久别，萧红以为她与萧军会和好如初，会像从前那样恩爱，开始新的生活。但让萧红感到刺痛和难堪的是，她知道了萧军与许粤华的私情，并且萧军导致许粤华怀了孕。

半年前萧红去日本还是许粤华去码头迎接、安排住处的，而今出现这样的结果令萧红异常地震惊、愤怒和尴尬。她难以忍受这样的屈辱，频频与萧军吵架。而萧军竟怨萧红"吃醋"，不能包容他对许粤华的"爱"，他在日记中写道："吟会为了嫉妒，捐弃了一切同情（对×就是一例），从此，我对于她的公正和感情有了较确的估价了。原先我总以为，她会超过于普通女人那样的范围，于今我知道了自己的估计是错误的，她不独有着普通女人的性格，有时甚至还甚些。总之，我们是在为工作生活着了。"[1] 萧军的逻辑是，作为"新女性"的萧红应该宽容他的出轨，仿佛做错事的是萧红，而不是他自己，这让萧红大失所望。为了排遣心中的苦闷，萧红决定去北平住一个时期。

1937年4月，萧红又只身去北平——这已是萧红第三次去北平了。这次北上比九个月前东渡日本的心情还糟，她在给萧军的信中写道："我的心就像浸在毒汁里那么黑暗，浸得久了，或者我的心会被淹死的……"[2] "痛苦的人生啊！服毒的人生啊！……什么能救了我呀！上帝！什么能救了我呀！我一定要用那只曾经把我建设起来的那只手把自己来打碎吗？"[3] 可见

[1] 萧军：《萧军全集》第18卷，华夏出版社，2008年版，第30页。
[2] 萧红：《萧红全集》第5卷，北方文艺出版社，2018年版，第158页。
[3] 萧红：《萧红全集》第5卷，北方文艺出版社，2018年版，第159页。

她的心绪已经坏到了极点，才发出这样绝望的呼喊。

生活的流徙，感情的受伤，使萧红在这段时间很少创作。萧红的心绪为什么这样糟呢？最根本的原因是她已经清楚地看到，在萧军的心目中，她已经失去了应有的位置，并且这失去的位置将永远不会再有了。她在给萧军的又一封信中说："你来信说每天看天一小时会变成美人，这个是办不到的，说起来伤心，我自幼就喜欢看天，一直到现在还喜欢看，但我并没有变成美人，若是真是，我又何能东西奔波呢？可见美人自有美人在。"[1]虽然这句话后面她特别用括号说明"这个话开玩笑也"，但这正是"此地无银三百两"，说明她无论东渡还是北上，都是由于她在萧军的心目中不再是"美人"引起的。

萧红此次来北平就是为了散心、访友。她见到了在北平的李洁吾、李荆山等人，还遇到了来北平的老友舒群，她与舒群一同登上了长城。来过三次北平，这还是她第一次爬长城，她在给萧军的信中说："真伟大，那些山比海洋更能震惊人的灵魂。到日暮的时候起了大风，那风声好像海声一样，《吊古战场》文上所说：风悲日曛。群山纠纷。这就正是这种景况。"面对像巨龙一样静卧在燕山山脉上的长城，萧红感慨万千。

---

[1] 萧红：《萧红全集》第5卷，北方文艺出版社，2018年版，第160页。

萧红在北平租房子没着落，萧军在上海忙于编《鲁迅先生纪念集》，也无暇北去，便写信说自己"身体欠佳"希望她能回沪。萧红是一位"感情富于理智"的女性，当她接到萧军的信后，立即离京返沪了，这次萧红在北平只住了一个多月。

北平，萧红的伤心地，萧红的"围城"。她三次去北平，每次都是怀着难以言说的心绪，每次都独自前往，每次又都很无奈地离去——几乎是落荒而逃……

经过这次别离，两人的关系还是没有改善。萧军对自己的感情不忠不但没有悔改，还在朋友面前肆意贬损萧红的文学才华。在一次争吵后，萧红曾到"白鹅画会"住了几天，在画会的补习学校学习绘画，后来萧军把她找了回来。这次回上海，萧红同样没能安定地生活多久，战争的形势发生了急剧的变化。

1937年"七七事变"后，日本向中国内地发动全面进攻，8月13日，日本开始大举进攻上海。三年前，"二萧"从日本侵略者的魔掌中逃脱出来，想不到三年后的今天，日寇的铁蹄又要践踏南国的土地。这时天空中经常轰鸣着日本的轰炸机，地面上也经常狂吼着的枪炮声。萧红就是在这种环境中，写出了《天空的点缀》《失眠之夜》等散文。《失眠之夜》透出了绵绵的乡愁：

家乡这个观念，在我本不甚切，但当别人说起来的时候，我也就心慌了！虽然那块土地在没有成为日本的之前，"家"在我就等于没有了。

　　这失眠一直继续到黎明，在黎明之前，在高射炮的声中，我也听到了一声声和家乡一样的震抖在原野上的鸡鸣。

　　其中的无家却念家，恋家却离家的"无家"情结，很是动人。萧红对家乡呼兰河一往情深，但她一生漂泊，离家越来越远，越来越久。心绪与现实的巨大反差，酿成了她浓浓的思恋。离开了故土，人人都会有乡愁，但乡愁是因人而异的。萧红的乡愁不是狭隘的，她不仅仅怀恋呼兰河畔的那个家，而是怀恋呼兰河，怀恋东北的大好河山。她也不仅仅思念着已故的祖父和自幼失去母亲的弟弟，而是挂念着所有遭受侵略者践踏的东北父老乡亲。所以萧红的乡愁显得格外深沉。

　　上海，已是萧红第三次留居的城市了，时间累加起来是两年三个月，是除了哈尔滨外萧红逗留时间最长的城市。上海，成就了萧红的光荣与梦想，也带给她太多的苦闷与忧伤……战云密布，她还要继续漂泊……

1937 年 2 月 10 日，"二萧"与鲁迅的家人在上海虹桥万国公墓鲁迅墓畔
左起：许广平、萧红、周海婴、萧军

1937 年 6 月 20 日，"二萧"在上海吕班路（今重庆南路）256 弄 7 号公寓门前

第四章

烽烟追逐下

大轰炸下的重庆

一 退居江汉

1937年于武汉东湖。左起：萧军、蒋锡金、萧红、罗烽

1937年9月28日，"二萧"乘火车离开上海，次日到南京。30日在南京下关码头乘轮船退往武汉，10月4日才到汉口港的江汉关。

"二萧"离开上海一个半月后的11月12日，上海沦陷。又过一个月的12月13日，南京沦陷。随后，日军制造了惨绝人寰的"南京大屠杀"。

日军占领上海后，国民党中央政府迁都武汉，武汉成为全国政治、文化中心。东北、华北、华东的很多作家和文艺工作者云集武汉，武汉的抗战文艺非常活跃。萧红受到轰轰烈烈的全民抗战运动的感染，精神振奋，积极投身到抗日救国的活动中去。她除了参加胡风主编的《七月》杂志编委会的工作外，还积极投入创作，仅在三个月的时间里，就发表了八篇散文、一篇书评，并开始了长篇小说《呼兰河传》的创作。

在武汉，"二萧"认识了当地著名青年诗人蒋锡金，并住到武昌水陆前街小金龙巷21号的蒋家。因为蒋锡金恰好负责接待各地作家来武汉参加抗战文艺活动的工作，再加上"二萧"名声在外，又有东北人的热情好客，所以蒋家就成了一些文化人喜欢去的地方，在常去的人当中就有一位东北籍作家端木蕻良。

端木蕻良（1912年9月25日—1996年10月5日），满族人，本名曹汉文，因仰慕屈原而改为曹京平（屈原，名"平"），端木蕻良是其笔名。端木蕻良生于辽宁省昌图县鹭鹭树村一个殷实的大地主家庭，幼年、童年在昌图老城度过的，受到了良好的教育。1928年端木蕻良到天津南开中学读书，此间，他担任了校美术学会会长，常为校刊《南开双周》设计封面；后来还组织了"三三文学研究会""文艺联谊会"。不久，经选举担任了《南开双周》编辑，并为其撰稿。后又与人成立了"新人社"，出版了小型文艺刊物《人间》，后改名《新人》，并在上面发表了小说处女作《水生》。1932年秋考入清华大学历史系，同年加入北平的左联，主编北平左联机关杂志《科学新闻》，在《清华周刊》上发表了小说《母亲》，这个短篇后来成为他的代表作《科尔沁旗草原》的一个片段。《科尔沁旗草原》是一部 30 多万字的长篇小说，端木蕻良仅用四个多月就完成了，当时他年仅 21 岁。1935 年年底，他来到上海。1936 年 8 月，在发表短篇小说《鹭鹭湖的忧郁》的时候，想到上海文化界有一种模仿他人名字和文章的坏风气，便决定取一个特殊的笔名，于是他把少有人用的复姓"端木"作为姓氏，取东北特产红高粱中的"红粱"二字作名，成了"端木红粱"。可由于在白色恐怖下用"红"字是犯忌的，就把"红"改为"雪里蕻"的"蕻"。《文学》刊物的主编王统照看了这个笔名，觉得"端木蕻粱"不像个名字，便将"粱"字改成了"良"字。这样小说《鹭鹭湖的忧郁》发表时，署名便成了"端木蕻良"，此后这个笔名就一直沿用下来。

和那个时候的青年作家一样，端木蕻良非常想得到鲁迅的教诲和提挈，他多次给鲁迅写信。鲁迅回信希望他写点短篇，端木蕻良便立刻将手中的《爷爷为什么不吃高粱米粥》寄给了鲁迅，于是鲁迅将该小说推荐给了上海《作家》刊物，并于 1936 年 10 月 18 日发表在该刊的第 2 卷第 1 期上。这是鲁迅唯一的一次帮端木蕻良发表小说，小说发表的次日，鲁迅就病逝了。

由于郑振铎等人的推荐，"端木蕻良"的名字开始频繁地出现在《文学》《作家》《中流》《国民周刊》等文学杂志上。从1936年10月到1937年7月，端木蕻良共发了11个短篇和一部长篇。特别是他的《遥远的风沙》由茅盾推荐，《鹭鸶湖的忧郁》由张天翼、丁玲推荐，收入《1936年佳作选》中。1937年，端木蕻良成为最受欢迎和重视的新作家。

1937年夏，在上海召开了创办抗战文艺刊物的筹备会，胡风特别邀请了端木蕻良。会上，为拟定新刊物的名称，胡风和萧红的意见出现分歧：胡风提议叫《战火文艺》，萧红提议叫《七月》。萧红的理由是，以"七月"为名，一方面是为了纪念"七七"全面抗战的爆发，另一方面也比较雅致，《诗经》里有一篇非常出名的诗就叫《七月》。端木蕻良等人赞同萧红的意见，于是这份刊物就命名为《七月》。后来，常在《七月》上发表作品的诗人形成了一个诗派，叫"七月诗派"。《七月》在中国抗战文学史上占有了相当重要的地位。

就是在这次会议上萧红与端木蕻良相识，萧红后来有些责怪地问胡风："为什么不早介绍大家认识呢？"并开玩笑说胡风喜欢"单线领导"，不坦率，把作家当作他的"私产"。或许那时萧红对端木蕻良就有好感了。此后在胡风家讨论《七月》，萧红与端木蕻良又见了几面，而他们的观点又都很接近。

1937年10月下旬，萧军去信催促端木蕻良来武汉，与胡风、"二萧"共同办《七月》刊物。让他们没想到的是，这是继萧红给《国际协报》写求救信、"二萧"在青岛给鲁迅写信后，第三次改变萧红命运的信。端木蕻良到武汉不久也搬入蒋家，与蒋锡金共处一室，与"二萧"住在一所房子里。由于四人中有三人是东北老乡，又是年轻人，又是文人，所以相处得不错。四人同吃同住，常常是萧军当采购员，买些蔬菜、食品，萧红当厨娘，而另两位打杂。他们声言要开饭馆，还要组织个宣传队，当然也讨论文学创作、时势发展。四个年轻人常常是说说笑笑、打打闹闹，关系融洽而随便。

　　端木蕻良很欣赏萧红的文学才华，而且同萧红一样，属于"业余画家"，所以对萧红特别看重，积极向她靠近。而久居南国的萧红，对这个东北老乡也感到特别亲切。同时她也需要端木蕻良对她理解、欣赏、尊重和靠近，借以打击萧军的个人英雄主义和对自己的轻视、漠视以至无视。

　　在武汉，他们或漫步蛇山看长江落日，或荡舟东湖碧波之上，或流连洪山宝塔之下，或徜徉琴台发怀古之幽情……生活安排得倒也充实。

二　月照汾河

　　1938年年初，国民政府第二战区司令长官阎锡山创建了民族革命大学（以下称"民大"），由李公朴主持校务。1938年1月中旬，臧云远来武汉为民大招聘教员。臧云远是端木蕻良在北平时的学友，他找到端木蕻良，请他推荐文化人去民大任教。端木蕻良把这一消息告诉了文友们，不少人表示愿意前往。1月27日，端木蕻良、萧军、萧红、聂绀弩、艾青、田间、李又然等人离开武汉，乘第二战区专列前往山西临汾民大本部。

　　1月30日（除夕），他们所乘的专列在河南陕县会兴镇脱轨，耽搁四天。到达陕西潼关后，因风大不能渡黄河，又耽搁了一两天。2月5日，他们乘木船渡黄河至山西风陵渡。旅途很艰苦，却很值得记忆和回味，这是萧红唯一的一次在旅途中过春节，同时也是作为"抗日作家"的又一次"抗日"举动。因为1937年11月8日太原沦陷后，山西省政府和第二战区司令长官部南迁到临汾，临汾已成抗日前线。在这种情况下，临汾之旅完全可以看作是萧红这位抗日作家的一次奔赴国难、投身抗日的行动。

2月6日晨，萧红等人乘坐的窄轨火车终于抵达临汾。当晚，民大为到临汾的师生举行了欢迎会。民大安排萧红等人入住鼓楼东大街狮子巷的民房，"二萧"住在里间的居室。一段时间以来，萧红服用了许广平介绍的治疗妇女病的乌鸡白凤丸，效果不错，身体状况较好，在临汾期间萧红怀了孕。

民大设有军事、政治、民运等系，是中共山西党组织介入的统战救亡学校。当时正值日本疯狂侵略中国之际，青年学生纷纷报考，以身报国，招生人数超过了预期，达5000人之多，临汾容纳不下，于是在运城设立了第二、第三分校。萧红一行文人也要派几个去运城任教，艾青和李又然被派到运城。田间自己觉得不适应任教，听说以丁玲为团长的第十八集团军西北战地服务团（以下称"西战团"）在洪洞，就去洪洞找丁玲，要参加西战团。这样，同来的作家中，萧红、萧军、端木蕻良和聂绀弩等留在了临汾。

当时民大尚未走入正轨，虽然1月20日就开课了，但文学系还没有成立，对萧红等人没有具体的授课安排，只是做课外的文艺指导。学生们知道民大来了几位作家，特别是其中还有《生死场》和《八月的乡村》的作者，就邀他们开抗战文艺座谈会。"二萧"带着"抗日作家"的光环，很受学生欢迎，也给学生留下了很好的印象。民大教授孙荪荃女士得知萧红来了民大，也去狮子巷探望了萧红。

在临汾期间，"二萧"去了一趟临汾西边的刘村。当时，中共中央北方局、八路军驻晋办事处、八路军学兵大队、八路军总部炮兵团都驻扎在刘村。八路军学兵大队五区队区队长李伯钊接待了萧红等人。李伯钊是与萧红同龄的中共女干部，她给萧红谈了自己长征中三过草地的经历，长征中有一天要走170里路，她还特别提到了骑马行军……萧红对这位女性很佩服，她和萧军说："什么时候我也能骑马啊？也能自由自在地跑。"萧红对李伯钊骑马挎枪走天下的生涯羡慕不已。

萧红在刘村得知八路军一一五师在洪洞附近驻扎，而弟弟张秀珂也在八路军一一五师，萧红曾计划去洪洞却未成行，就给张秀珂写了一封信。但张秀珂所在部队一月底已经离开洪洞，北进到孝义、汾阳一带，萧红的这封信张秀珂没有收到。而张秀珂当时也不知道萧红在临汾民大，如果知道，他也许会来临汾看姐姐。姐弟俩再次失之交臂，此后两人也没有见面，萧红临终前最后的文字就是写给弟弟秀珂的，题名为《"九一八"致弟弟书》。

萧红在临汾时还从《新华日报》上得知日本友人鹿地亘的消息，她特别高兴。"八一三"事变后，在上海的鹿地亘夫妇不被中日双方所容，处境十分险恶，萧红不顾危险地帮助他们。

后来，在兵荒马乱中彼此失去了联系，但她一直关心这对日本友人。萧红得知他们平安，高兴之余，在2月20日完成了一篇回忆文章《记鹿地夫妇》。

就在萧红完成散文《记鹿地夫妇》的当天，丁玲率西战团自洪洞抵达临汾。此时，田间已先于丁玲返回临汾，他在洪洞见了丁玲，虽然暂时没有加入西战团，但这次游历起到了沟通西战团与民大作家的作用：丁玲知道了"二萧"在民大，老朋友聂绀弩也在；萧红等人则知道了丁玲率领的西战团就要来到临汾。民大为西战团的到来开了欢迎会，萧红参加了欢迎会。在临汾，在抗日前线，萧红和丁玲这两位中国现代文学史上著名的女作家相逢了。萧红给丁玲的印象是："苍白的脸，紧紧闭着的嘴唇，敏捷的动作和神经质的笑声，使人觉得很特别，而唤起许多回忆，但她的说话是很自然而真率的。我很奇怪作为一个作家的她，为什么会那样少于世故，大概女人都容易保有纯洁和幻想。或者也就同时显得有些稚嫩和软弱的缘故吧。"[1]就在这次欢迎会上，西战团的小团员王根的讲演给萧红留下了深刻的印象，萧红后来以欢迎会的所见为素材创作了一篇有抗日内容的短篇小说《孩子的讲演》。

---

[1] 丁玲：《风雨中忆萧红》，见《怀念萧红》，黑龙江人民出版社，1984年版， 第27页。

　　稍事休整后，西战团在民大进行了演出，场面热烈。民大教授为表慰问，捐款给西战团买了一架照相机，萧红在西安的照片都是这架照相机拍的。西战团的到来，也带来一些时局紧张的消息，其中之一就是日军发动了晋南攻势，临汾守不住，将要放弃。这样，萧红等人就要考虑下一步的去向了。丁玲鼓动萧红等人随西战团去西安搞宣传活动，聂绀弩对萧红、塞克、端木蕻良等人说："目前正是时候，我们可以成立一个'萧红服务团'，到各省市去开展抗日活动。"萧红当即说她身体担

1938年，香港《东方画刊》月刊第1卷第2期刊发的"在前线的女子"，萧红的照片首次出现在媒体上。左起：萧红、夏革非、丁玲

负不了这个任务。聂绀弩说事务性活动可以由大家来干，只要她担个名就行。萧红说，话是这么说，那些必然要临到头上的联系，都是摆脱不了的。她说："我的任务，还是要写出东西来！"于是聂绀弩提议成立"萧红服务团"的事就作罢了。

　　临汾形势紧张，民大准备撤退到晋西南的乡宁，被聘来的作家不愿随校撤离的，可以随丁玲的西战团转移至运城，再去西安。撤离前，民大给教员们发放了一笔费用。当夜，"二萧"在去与留的问题上产生分歧：萧红要随西战团去运城转赴西安，被聘的作家也多如此规划；萧军是讲武堂出身，他想在国难当头之际，以自己学得的军事本领报效国家，所以他执意留在民大，必要时与民大的学生一同扛起枪，去五台山打游击。萧红不同意他这样做，认为人要各尽所能、各司其职，说萧军当一个游击队长不会比当一个作家对抗战贡献更大。由于"二萧"各自顽强的个性，加之早已产生的感情裂痕，他们谁也说服不了谁，谁也不想服从谁，最后的结果是各走各的路。

　　2月23日夜，萧红、端木蕻良、艾青、田间等随丁玲乘火车从临汾去运城，西战团搞到了两个车厢。萧军送站，他对萧红说："也许……我马上也来运城……同在那里工作或者去西安，不然，就到延安去会合。"他还嘱咐丁玲、聂绀弩照顾萧红。火车凌晨开出。萧红离开临汾五天后，临汾沦陷。

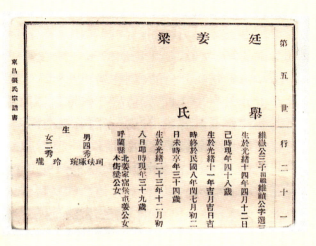

《东昌张氏宗谱书》记载了张廷举的六个子女，唯独没有长女张乃莹（萧红）

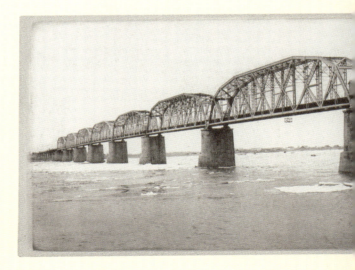

哈尔滨松花江铁路大桥春季开江时的景象

20 世纪 30 年代的哈尔滨中央大街

20 世纪初的哈尔滨市街

　　这张照片是一九三四年春季我们准备离开哈尔滨以前照下的：我穿了一件俄国"高加索"式绣花的亚麻布衬衫，腰间束了一条暗绿色带有穗头的带子，这是当时哈尔滨青年们流行的装束；萧红穿了一件半截袖子、蓝白色斜条纹绒布的短旗袍，梳了两条短辫子，扎了两朵淡紫色的蝴蝶结，这也是哈尔滨青年妇女一般的装束……

——萧军《鲁迅给萧军萧红信简注释录》

1938 年 3 月 21 日，
萧红与端木蕻良于西安

鲁迅唯一的一封
单独写给萧红的信

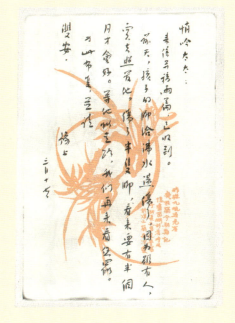

1935年春，"二萧"于上海

　　在这张照片中我当然是穿了那件黑白方格的新"礼服"，萧红却穿了一件深蓝色的"画服"。不知为什么，临拍照以前，她竟从照相馆的小道具箱里捡出了一只烟斗叼在了嘴巴上，装做吸烟的样子，其实平时她是并不吸烟的，这是在"装蒜"。

　　　　　　　——萧军《我们第一次应邀参加了鲁迅先生的"宴会"》

文藝叢書

《马伯乐》初版封面
萧红再次发挥了绘画才能，
为《马伯乐》设计了别致的封面

端木蕻良署名"荆坪"
为《小城三月》作的插图

萧红的弟弟张秀珂
《"九一八"致弟弟书》就是写给这个弟弟的

美丽的浅水湾
依山傍海，浪平沙细。
这是萧红生前最喜爱的海滨，
也曾是她安眠的地方

萧红于 1938年2月6日到23日，在临汾共计 18 天。时间虽然不长，但活动丰富且很有意义。萧红在临汾期间留下散文《记鹿地夫妇》，后来还以在临汾的见闻为素材创作了具有抗日内容的《孩子的讲演》《汾河的圆月》。萧红在《汾河的圆月》结尾部分悠悠地写道：

> 汾河永久是那么寂寞，潺潺的流着，中间隔着一片沙滩，横在高高城墙下，在圆月的夜里，城墙背后衬着深蓝色的天空……

刘禹锡《石头城》一诗写道："淮水东边旧时月，夜深还过女墙来。"这汾水的月亮，也给萧红留下了不可磨灭的记忆。

三 风生渭水

　　1938年2月24日，萧红来到运城。此间，萧红曾在民大第三分校演讲，聆听演讲的学生很多，门都挤破了，窗子上也爬满了人。演讲完毕，学生们围着萧红要求签名，还问这问那，萧红忙得透不过气来。西战团原计划在运城停留一周，但晋南形势恶化，于是决定提前两天离开。

　　3月1日凌晨，萧红随西战团乘火车离开运城，继续西行，由风陵渡渡过黄河到了陕西潼关。当晚，萧红等人住在潼关县城西门外的棉花厂。2日，丁玲带着几个人去西安打前站。留下来的人白天没事，便在潼关古城和黄河渡口游览，后来萧红以在潼关见闻为素材，创作了短篇小说《黄河》。在潼关住了三个晚上后，4日，萧红随着西战团大队一路西行，当晚到西安，在陕西省政府的安排下，入住梁府街的"女子中学"集体宿舍。

　　还是在乘火车离开运城去西安的时候，丁玲就请聂绀弩、萧红、端木蕻良、塞克为西战团编写一个话剧，准备到西安演出。在火车上，四人共同创作了一个抗战内容的三幕话剧《突击》。剧本由西战团团员陈正清、何慧做记录，在到达西安一周后剧本脱手，西战团开始了紧张的排练。3月16日，《突击》在西安武庙街（今西一路）易俗社上演，这是西战团在西安的第一次舞台公演。到3月20日，《突击》在五天内共演出了十一场，轰动古城。不久，剧本《突击》发表在《七月》上。由于是四人合写的，所以没有体现出某个人的创作风格，但却是萧红第一次剧本创作实践。

《突击》公演后，丁玲有事回延安，国民革命军第十八集团军驻陕办事处（简称"西安八办"）请作为文化名人的萧红、端木蕻良和聂绀弩去延安走访，丁玲便邀他们同行。聂绀弩同意去，端木蕻良本想去的，但看萧红不去，也就作罢。

萧红为什么不去延安呢？其实萧红以前有去延安的打算，她在运城时给在延安的朋友高原写的信中表达了这个想法。而萧军3月24日在延安给胡风的信中也说："我于三月二十日到延安……于此地大约可停留一两月左右，待萧红到此，再作行止。"可见"二萧"有在延安会合的约定。丁玲要去延安的时候，萧红已经知道萧军到了延安。萧红3月30日给胡风的信中说："现在萧军到延安了，聂也去了，我和端木蕻良尚留在西安，因为车子问题。"表面上看，似乎是因为车子坐不下，她和端木蕻良才没有成行，实际情况未必如此。"二萧"的感情在1937年就已经处于破裂的边缘，在临汾萧军又执意随民大总部转移，甚至扬言要去五台山打游击，丝毫不顾念萧红的感受，并对萧红说出了很绝情的话，这让萧红不得不认真考虑她与萧军的关系。此时的萧红可能已经决定和萧军分手了，听说萧军到了延安，萧红不愿意和萧军见面，自然就不去延安了。

丁玲、聂绀弩去了延安，萧红和端木蕻良很悠闲，就开始在西安游玩。他们常去的地方就是"女子中学"南面的莲湖公园，萧红和端木蕻良在这里留下了一些照片。萧红与端木蕻良都喜爱绘画与书法，所以西安碑林也是他们爱去的地方。端木蕻良在碑林看到王羲之的笔迹，如获至宝，他在清华大学是学历史的，给萧红讲起《集王圣教序碑》头头是道，萧红则听得津津有味。西安碑林有许多传世名碑，萧红与端木蕻良徜徉在碑林中，陶醉于书法艺术带给他们的快乐。萧红和端木蕻良在西安朝夕相处，日渐亲密。

这期间，萧红和端木蕻良曾打算前往甘肃兰州，然后再去新疆。萧红在3月30日给胡风写信请他在《七月》上发表话剧《突击》，并先电汇稿费，作为去兰州的川资。端木蕻良也在给胡风的信中请胡风把他留在武汉的一套西服寄到兰州熟人那里。看样子萧红和端木蕻良已经做好了一起去兰州的准备。萧红等人准备去兰州缘起于作家白危。白危当时在兰州从事抗日救亡工作，和兰州的王家兄妹剧团来往密切。当时甘肃教育厅要把

1938 年 3 月 21 日，
萧红于西安莲湖公园门口
（陈振清 摄）

1938 年 3 月 21 日，
萧红与端木蕻良于西安

王家兄妹剧团合并到官办的兰州西北抗战剧团中。白危考虑到王家兄妹剧团人少，合并过去后力量单薄，就向甘肃教育厅提出要求，从西安请几位戏剧人才过来。教育厅同意白危的建议后，白危立即就给在西安的塞克发电报，让他组织人来兰州。塞克把消息告诉了大家，萧红和端木蕻良有意前往。

但事情突然有了变化，4月7日，丁玲、聂绀弩从延安回到了西安，萧军也跟着一同到来。萧军突然来到，萧红和端木蕻良都感到有点儿意外。萧军到西安后经常与萧红争吵，甚至公然宣布要与丁玲结婚，而让萧红与端木蕻良结婚。丁玲当然是不认的，但萧军的任性激怒了萧红，本来各自都有离意的"二萧"，终于大闹了一场后决定分手。此后，萧红和端木蕻良确定了关系，两人公开在一起，不再搭理萧军了。

在过去很长一段时间流传着这样一种看法：萧红同端木蕻良结合使萧红"再次沦入绝望的深渊"，这与事实不符。萧红与端木蕻良相识的时候已经经历了感情之舟的颠簸，因而在选择端木蕻良的问题上是理智的。最早发现萧红与端木蕻良情感走向的是聂绀弩，在西安与萧军分开之前，她曾与聂绀弩作过深谈，她说："我爱萧军，今天还爱，他是个优秀的小说家，在思想上是同志，又一同在患难中挣扎过来的，可是做他的妻子却太痛苦了，我不知道你们男人为什么那样大的脾气，为什么要拿自己的妻子做出气包，为什么对妻子不忠实！忍受屈辱，已经太久了。"[1] 聂绀弩提示萧红说："萧军说你没有处事经验。"而萧红的回应是："在要紧的事上我有！"[2] 这"要紧的事"当然是指在处理与萧军、端木蕻良的关系上。可见，萧红并非一时冲动，也不是对萧军快意的"复仇"，而是经过了深思熟虑的，毕竟大家都是成年人了。端木蕻良固然不是"暖男"，但也有其可取之处。在经历了萧军一定程度的家暴和感情的不忠之后，端木蕻良这样儒雅的"文艺男"未必不是一个很好的选择。

"二萧"长达六年的爱情故事在西安曲终人散，他们的离异，在文坛上曾轰动一时。在中国现代文坛上，作家婚变是屡见不鲜的，却很少有像"二萧"的婚变，受到当时文艺界和广大读者那么多的关注，造出那么多传闻轶事。他们在咆哮的松花江洪峰中相识相知，在夜幕下的哈尔滨相亲相爱，在颠沛流离的路途上跋涉，在壁垒森严的文坛上拼杀，这是多么值得珍视的感情啊！

"二萧"在一起生活的岁月里，双方既有爱意，又有分歧和矛盾，彼此间都感到了痛苦。但也正如许广平所说的："直

[1] 聂绀弩：《在西安》，见《怀念萧红》，黑龙江人民出版社，1984年版，第31页。
[2] 聂绀弩：《在西安》，见《怀念萧红》，黑龙江人民出版社，1984年版，第34页。

到最后，他们虽然彼此分离，但双方都从没有一句不满的话，作为向对手翻脸的理由……"[1] 不管"二萧"是怎样看待自己的六年姻缘，他们毕竟是"松花江畔饥寒日，上海滩头共命行"[2] 的患难夫妻，同时又是鲁迅晚年最器重的学生，他们的离异，还是引起了人们深深的惋惜。

如果回顾一下，萧军对20世纪中国文学的绝大贡献就是：他救助了落难中的萧红，并鼓励她走上了文学创作之路。若没有萧军这位优秀的东北作家，也难有萧红这位走向世界的中国作家，所以无论如何，人们还是要感谢萧军的。

萧军和萧红分手后要去新疆，恰好与去兰州的塞克等人是同路，于是萧军就约塞克等人一起走。既然这样，萧红与端木蕻良就自动取消了兰州之行。4月17日，萧军、塞克、王洛宾、罗珊、朱星南等离开西安乘汽车西行，去了兰州。不久，萧红和端木蕻良离开西安回武汉。

虽然萧红在西安仅仅住了两个月，但西安却是萧红人生中的一个重要转折点。也正是由于"二萧"的"西安婚变"，萧红在西安期间并没有留下什么作品，她只在稍后的散文《无题》中提及过西安。

[1] 许广平：《追忆萧红》，见《怀念萧红》，黑龙江人民出版社，1984年版，第18页。
[2] 萧军：《抄录萧红故信后有感》，见《萧军全集》第14集，华夏出版社，2008年版，第538页。

四　嘉陵江上

1938年4月，萧军决定取道兰州去新疆，和那里的几位老朋友一起继续从事抗日救亡文艺工作。显然，他已完全改变了投笔从戎的念头。他在兰州停留暂居期间结识了苏州美专学生王德芬，两人在黄河之滨闪电般地相恋，结为夫妻。而端木蕻良与萧红也于同年6月下旬在汉口大同饭店举办了简朴而热闹的婚礼，艾青、池田幸子等文化人士参加了婚礼。如果说当年萧红与萧军的结合有同病相怜的成分，那么萧红与端木蕻良的结合则更多的是志同道合。

萧红与端木蕻良回武汉仅两个月，武汉遭到日本飞机的大轰炸。七月和八月份轰炸的频率、规模和强度达到顶点，仅8月10日一天，就死伤800多人。战局越来越紧张，国民党政府又迁都重庆，文化人也纷纷向重庆、桂林、广州、香港等地撤退。萧红和端木蕻良要去重庆，而一时间船票非常难买，他们只弄到一张船票，端木蕻良让萧红先走，萧红说过几天与冯乃超的妻子李声韵一起走，让端木蕻良先行一步，去重庆打个前哨战，安排好住的地方。在萧红的一再坚持下，端木蕻良才勉强同意。

8 月中旬，端木蕻良到重庆，在南开同学的帮助下住进了重庆《国民公报》的男宿舍里。不久，复旦大学《文摘》杂志编委贾开基得知端木蕻良来渝，就请端木蕻良去主办《文摘》的专栏。此时复旦大学已由沪迁渝，教务长孙寒冰还请端木蕻良给复旦新闻系授课，这样端木蕻良就搬到了《文摘》门市部楼上的单身宿舍。

9 月中旬，萧红和李声韵乘船离开武汉赴重庆，船开至宜昌时李声韵突患重病，幸亏碰到《武汉日报》副刊《鹦鹉洲》的编辑段公爽，他们将李声韵送进了医院。等萧红回到码头，天已经黑下来，原来乘坐的船早就开走了，她只好另外找船。萧红拖着沉重的身子，手里提着包裹，艰难地走在码头上，一不小心被绳索绊倒了。这一跤摔得很重，她半天没起来，直到一个过路的陌生人发现她，将她扶起，并把她送到船上。萧红叹息道："我总是一个人走路，以前在东北，到了上海后去日本，现在到重庆，都是我一个人走路。我好像命定要一个人走路似的……"[1] 是啊，在生活的饥寒交迫中，在情感的心力交瘁中，在战争的生死交加中，她从一个城市漂泊到另一个城市，从一

[1] 梅林：《忆萧红》，见《梅林文集》，上海春明书店，1948 年版，第 35 页。

个男人流浪到另一个男人，渴望温暖却常常一个人走路。

9 月下旬，萧红到重庆后，因为端木蕻良住单身宿舍，只好先落脚在端木蕻良的亲戚范士荣家。10 月上旬，萧红和端木蕻良租住到歌乐山云顶寺下面的乡村建设社招待所。歌乐山是重庆最高的山峰，山上环境清幽，是休养和写作的好地方。

11 月，萧红临近预产期，端木蕻良把萧红送到距重庆七十多公里的江津县的白朗家。当时白朗的丈夫罗烽多数时间住在重庆的文协会所，很少回江津的家里，而白朗与婆婆可以帮助萧红。萧红在江津住了近一个月，在医院生下一个男婴，几天后夭折。这已经是萧红第二次孤苦伶仃地面对"刑罚的日子"，生下没有父亲的孩子。这是多么令人灰心的收场啊！

12 月上旬，萧红离开江津回重庆，白朗送她上船，两个朋友握别。萧红说："莉，我愿你永久幸福。"白朗说："我也愿你永久幸福。""我吗？"萧红惊觉地问，接着是一声苦笑，凄然地说，"我会幸福吗？莉，未来的远景已经摆在我的面前了，我将孤寂忧悒以终生！"

有人回忆，在重庆时期的萧红，"脸色淡白，时常干咳，身体虚弱无力，已经有肺病的象征"。[1]但萧红还一边写作一

[1] 梅志：《爱的悲剧——忆萧红》，见《萧萧落红》，人民文学出版社，2001 年版，第 152—153 页。

边参加了许多社会活动。1938年12月22日，萧红受邀在重庆的塔斯社接受了苏联驻华大使馆文化参赞、汉学家罗果夫的专访。这次在塔斯社让萧红意外惊喜的是，她邂逅了东特女一中时期的下一届同学张郁廉。张郁廉被认为是中国首位战地女记者，1940年《大公报·九一八纪念特辑》把她与萧红、萧军等39人一起列为"东北作家群"。当时，张郁廉在塔斯社做俄语翻译，又恰是本次采访的俄语翻译，采访结束后，二人在塔斯社的院内拍了一张合影。照片里的萧红内穿旗袍，外罩西式棉质外套，女学生似的童花头，额前刘海齐密，嘴角虽带一抹微笑，却隐藏不住些许的忧伤。

住在歌乐山期间，端木蕻良经常去重庆市区，或是去菜园坝复旦大学分部给新闻系的学生上课，或是去复旦大学《文摘》社编"文艺栏"。歌乐山乡村建设社招待所到重庆市区二十来公里，如果赶不回来，端木蕻良就住在市区，萧红也曾与端木几次住在菜园坝复旦大学分部。不久，萧红和端木蕻良又从歌乐山搬到北碚的黄桷树镇，在复旦大学农场住下来。

战事紧张，胡风一家也离开武汉，辗转两个月才于1938年12月初来到重庆。重庆房子难找，只好先落脚旅店。次年1月，梅志在旅馆生下女儿，萧红得到消息后前来探望。梅志对萧红的一袭旗袍大加赞赏，萧红高兴地告诉梅志，那旗袍是自己做的，而衣料、金线还有铜扣子都是在地摊上买的，这么一凑合就成了一件漂亮的衣裳。梅志很感慨："她将金线沿边钉成藕结花纹，那有凹凸花纹的铜扣被她擦得锃亮，使这衣服显得光彩夺目，穿衣人也就颇有神采了。我还看到过她穿的另一件她自己亲手缝制的毛蓝布旗袍，她用白丝线绣上人字形的花纹，虽是粗布料，穿上它可显得雅致大方。我心想原来她是爱美的，也很有审美力，过去是没时间？没心情打扮自己？"[1]

1939年2月初，胡风一家搬到两路口的重庆村才算有了安稳的住处。胡风提到萧红来访的事："有一次她一个人来我家看我，我不在，我妻子将萧军新近寄来的新婚照片给她看了。她看后好半天没有作声，看出这在她的感情上是一个不小的打击。她没有等我，就匆匆的走了。"[2]看得出，萧红心中是极不平静的，真可谓五味杂陈。而此后萧红再也没有去过胡风家，她是把胡风认作"萧军党"了。

1939年9月10日中华全国文艺界抗敌协会（"文协"）三峡区会员在北碚黄桷树镇王家花园举行茶话会，萧红等17人参加，会上决定定期组织这样的茶话会，定名为"三峡区文协

[1] 梅志：《爱的悲剧——忆萧红》，见《萧萧落红》，人民文学出版社，2001年版，第152—153页。
[2] 胡风：《悼萧红》，见《胡风全集》第7卷，湖北人民出版社，1999年版，第132页。

萧红在重庆北碚

1938年12月22日，萧红与张郁廉在重庆枣子岚垭塔斯社院内

同人聚谈会"，必要时还可以整个三峡区文化界举行联谊会。
多才多艺的作家们在茶话会上各展风采，有唱昆曲的，有讲笑
话的，气氛活泼热烈。最后有摄影专长的王谷林在花园里给大
家拍了合影。通过这样一些活动，萧红扩大了在渝的社交面和
影响。

1939年在庆祝俄国十月革命胜利纪念日的时候，苏联驻
华大使馆向萧红和端木蕻良发函，邀请他们参加大使馆举行的
招待会。招待会上罗果夫表示要翻译、介绍他们的作品，希望
两人给予协助，萧红和端木蕻良高兴地答应下来。这样，后来
罗果夫翻译出版的《中国短篇小说选》中就收录了萧红的小说
《莲花池》。罗果夫是第一个将萧红作品介绍给苏联读者的人。

1939年12月24日罗果夫最后一次见到萧红，之后途经新疆
回国。在新疆时遇见茅盾，还谈到萧红和端木蕻良。此事茅盾
在1940年3月28日给蒋锡金的信中提到："罗果夫过此时，曾
与晤谈，彼时端木与红姑（指萧红）尚未赴港，罗于端木、红
姑皆赞许……"[1]可见在整整一年的交往中，萧红、端木蕻良
给罗果夫留下了美好的印象。

汪精卫叛国后，日本为了动摇中国大后方人心，促使国民

---

[1] 茅盾：《茅盾书信集》，百花文艺出版社，1987年版，第285页。

党营垒进一步分化，于1938年年底，开始对重庆进行空袭。由于重庆特殊的山城地理环境和雾都气候条件，轰炸没有达到预期目标，所以1939年1月底就暂停了轰炸。

雾季一过，经过三个月准备的日本轰炸机卷土重来，于5月3日又对重庆实施狂轰滥炸。市区27条街道中19条被炸，人口最稠密、工商业最集中的繁华市区顿时浓烟滚滚。4日，日机再次轰炸，市区一片火海，水电设施均遭破坏，交通完全

1939年9月10日，"文协"三峡区会员在黄桷树镇王家花园举办茶话会
前排左起：王浩之、胡绍轩、魏猛克、何容
中排左起：端木蕻良、方白、陈子展、阜东、萧红、靳以、胡风
后排左起：马宗融、杨荦甫、老向、方令儒、伍蠡甫

瘫痪，死亡 4400 余人。12 日，萧红来到市区，目睹轰炸后的惨象，满腔愤怒写下了《放火者》一文，控诉了日本鬼子的暴行：

> 大火的十天以后，那些断墙之下，瓦砾堆中仍冒着烟……
>
> 街道是哑默的，一切店铺关了门……
>
> 大瓦砾场一个接着一个，前面是一群人在拉着断墙，这使人一看上去就要低了头。无论你的心胸怎样宽大，但你的心不能不跳，因为那摆在你面前的是荒凉的，是满遭不测的，千百个母亲和孩子在吼叫着、哭号着的，他们嫩弱的生命在火里边挣扎着，生命和火在斗争。但最后生命给谋杀了。那曾经狂喊过的母亲的嘴，曾经乱舞过的父亲的胸脯，曾经发疯对着火的祖母的眼睛，曾经依然偎在妈妈怀里吃乳的婴儿，这些最后都被火给杀死了。孩子和母亲，祖父和孙儿，猫和狗，都同他们凉台上的花盆一道倒在火里了……他们没有一个是战斗员。

就在这一天，萧红在中央公园"躲警报"，一个老人示意她到铁狮子这边来，他还说："我们坐在这儿的都是善人，看面色没有做过恶事，我们良心都是正的……死不了的。"25日中央公园也被炸了，连萧红13天前躲空袭时见到的那个铁狮子也被炸飞了。仅一个公园就死了几百名和平市民！

6月，轰炸加剧，仅一个月里就轰炸20次。特别是6月11日，中央公园防空洞发生妇女儿童窒息死亡惨案。这样，许多人宁可暴露在街头，也不敢躲进防空洞。

以后的几个月里，轰炸还在继续。萧红的散文《长安寺》刚刚写完，这座古庙便被炸得踪影全无；她的短篇小说《山下》刚刚写完，歌乐山下就遭到了轰炸。萧红栖身的北碚，虽然还没有遭到轰炸，但传说这里有军火库，会是敌人轰炸的重点目标，情势也相当紧张。萧红往往写几个字，就会听到那讨厌的警报声，只好躲到防空洞去，一小段文字要好几气才能完成。萧红很想找一个安静的地方写大部的作品。正在这时，孙寒冰（不久在日机轰炸中罹难）介绍端木蕻良去香港的大时代书局，主编一套"大时代文艺丛书"。而端木蕻良的两个长篇正在或将要在港报上连载。于是，萧红和端木蕻良打算离开居住一年零四个月的重庆，前往香港。

萧红在渝期间的最重要的文学收获就是创作了近两万字的长篇散文《回忆鲁迅先生》，它已经成为传世的经典之作。

鲁迅病逝后，萧红曾写了一系列纪念文章，在写《回忆鲁迅先生》时，鲁迅已过世三年了，虽然痛失导师的哀恸逐渐平息，但作为鲁迅晚年生活的重要见证人，与先生交往的情景还历历在目，这给她带来了不尽的回忆与思念，在这种创作心理的作用下，这篇散文充满了悠长抒情的韵味。

在《回忆鲁迅先生》中，萧红并没写鲁迅作为思想家的深刻，也没有写鲁迅作为文学家的风采，她只是以一个年轻女性的眼光，从与鲁迅相处的实感出发，娓娓叙说鲁迅作为一个凡人的普通生活。散文通篇不事雕饰，几乎全是对鲁迅晚年日常生活的速写：从鲁迅先生的饮食起居、休息娱乐、举手投足、音容笑貌，到待客会友、爱护青年、教育幼子、彻夜工作，萧红从容运笔，粲然成文。尽管通篇没有一以贯之的中心事件，也没有特别让人激动的事件，更不染起、承、转、合之类的痕迹，但一些日常生活小事却写得质朴、真切。老子说，"万物莫与朴素争美"，萧红的这篇散文不矫揉造作、不哗众取宠，给人一种返璞归真的美感。她使你看到了这位长相举止虽然很像一个普通乡下老头的人，却有着超群的智慧、渊博的知识、宽厚的胸怀，是个和蔼可亲的老人。一个人可以平凡得一点也不伟大，但不能伟大得一点也不平凡，鲁迅就是寓伟大于平凡的人。萧红的这种把一个伟人描写成一个普通人的富有人情味的笔法，确实更能打动人，也更使人难忘。文章开篇写了这么一个细节：

> 鲁迅先生的笑声是明朗的，是从心里的欢喜，若有人说了什么可笑的话，鲁迅先生笑得连烟卷都拿不住了，常常是笑得咳嗽起来。

短短五十几字，再平淡不过，但仔细品味却大有深意。萧红先写鲁迅的笑，突出了鲁迅的坦荡、真诚，一下子就拉近了读者与大师的距离。这里，鲁迅不再是怒目金刚、横眉冷对的斗士，而是一个普普通通、可亲可爱的老人。紧接着，又一小段细节描写：

> 鲁迅先生走路轻捷，尤其使人记得清楚的，是他刚抓起帽子来往头上一扣，同时左腿就伸出去了，仿佛不顾一切地走去。

寥寥数语，朴素生动地描绘出鲁迅走路的动作，更活化了鲁迅精干敏捷、勇往直前、时不我待的精神。这正契合了鲁迅笔名"迅"字的迅疾做事、不敢怠慢的含义。鲁迅走路先迈哪条腿都记述清楚，可见萧红敏锐捕捉细节的能力。

《回忆鲁迅先生》是长篇回忆性散文，一开篇就用了两个细节来描写鲁迅的笑和走路的情形，使读者如闻其声，如见其人。文中有许许多多类似的让人难忘的细节描写。比如，写到鲁迅病重的时候，独独选了一幅苏联木刻，放在枕边不断地看，画面上是一个穿长裙，披散着头发在风里跑的女人，旁边还画着小小的玫瑰花……通过这个细节描写，把一个老人极其旺盛的生的意志复活了。萧红写的就是鲁迅的一笑一愠、一言一行，萧红几乎在所有的微末细节中都注入了自己的感情体验，才使文章做到了于细微处见精神。

鲁迅的家曾是萧红的精神庇护所，萧红还把读者引进了鲁迅家敞开的大门，让读者清晰地看到了鲁迅一家和谐、朴素的生活。她以女性作者特有的敏感与细腻，给读者描绘了鲁迅衣着的怪癖、饮食的爱好、工作的劳顿，以及许广平的操劳、海婴的顽皮。她还细致地描绘了客厅、卧室的陈设，花卉的姿态，还有她与鲁迅全家的感情，使读者不仅认识了作为文化巨匠的鲁迅，也认识了作为一家之长的鲁迅和作为一个宽厚长者的鲁迅。

回忆鲁迅的文章数不胜数，这些文章的作者中，有鲁迅的妻子、兄弟、同学、朋友、学生、被他提拔起来的文坛新秀以及国外人士等等，但谁也写不过萧红，《回忆鲁迅先生》可以说是有口皆碑的。为什么呢？那就是萧红的文笔更抒情、更质朴、更细腻，因而也就更富有人情味儿、更生动传神，读后给人留下的印象更深刻。萧红的这篇《回忆鲁迅先生》与众不同，别有韵味，堪称写鲁迅的散文中的精品。

第五章

零落港岛

香港浅水湾

一　何曾寂寞红

　　1940年1月，萧红和端木蕻良乘飞机前往香港。到港后中华全国文艺界抗敌协会香港分会举行酒会，欢迎他们的到来。由于香港特殊的历史背景，日军战火尚未烧到香港，所以香港聚集了一大批从内地去的知识分子。

　　萧红到港后的身体状况欠佳，但她在文坛上并不是寂寞的。当初，端木蕻良的长篇小说《大江》在香港《星岛日报》上连载的时候，萧红与《星岛日报》的主编戴望舒不曾谋面，而这次来港她终于见到了这位"雨巷诗人"。经孙寒冰的介绍，萧红与端木蕻良还认识了香港文化界领导人胡愈之，胡愈之又把他们介绍给了香港知名人士周鲸文。周鲸文也是东北人，曾任东北大学校长，当时是东北救亡总会会长，在东北流亡人士中有很大的影响。因为都是东北老乡，他们一见如故，彼此非常亲近。周鲸文在港期间创办了《时代批评》半月刊，他倡议再创办一个文学刊物，他提供经费，端木蕻良担任主编。这样，到港不足四个月，他们就把《时代文学》办起来了。《时代批评》与《时代文学》成了香港时代书店出版和发行的姐妹刊物。

4月14日，到港不久的萧红、端木蕻良受邀参加香港文协召开的第二届年会，到会的有60人。会上选举乔冠华、许地山、杨刚、戴望舒等9人为理事，选举端木蕻良、林焕平等5人为候补理事。

萧红还接受了《大公报》文艺副刊主编、女作家杨刚的约稿，创作了四幕哑剧《民族魂鲁迅》。鲁迅是世界文化名人，体现了我们许多优秀的民族精神，而在舞台上塑造"民族魂"的形象，时间、空间都很有限，其难度可想而知。如果没有对鲁迅的深刻理解，没有对中国现代文坛的敏锐洞察力，没有对整个中国政治状况的认识，没有一定的剧本创作经验，要在舞台上成功地塑造"民族魂"形象简直是不可想象的。以上诸条件萧红都具备，但面临的具体问题还有剪裁的困难、表现形式的选择的困难等。鲁迅的一生经历丰富，那么从内容上怎样截取断面，或说怎样剪裁，才能塑造栩栩如生的"民族魂"形象，是有相当难度的。在表现形式上也颇费思量。一番斟酌之后，萧红决定用哑剧的形式来表现。为什么要选用哑剧这种形式呢？萧红说："鲁迅先生一生，所涉至广，想用一个戏剧的形式来描写是很困难的一件事，尤其用不能讲话的哑剧。所以，这里我取的处理态度，是用鲁迅先生的冷静、沉定，来和他周遭世界的鬼祟跳器作个对比。"[1]这也确实反映了鲁迅的精神面貌，比如鲁迅说"横眉冷对千夫指"，再比如鲁迅说"最大的蔑视就是无言"等。第二个原因是鲁迅说话"南腔北调"，一般演员讲不出鲁迅说话的风采和韵味，为了无损鲁迅形象，采用了"无声胜有声"的哑剧形式。第三个原因是因哑剧这种形式的自身特点决定的，关于这一点，当时负责香港文协的冯亦代在《哑剧的试演〈民族魂鲁迅〉》中说得很清楚："哑剧的形式在中国似乎尚未采用，但在西方演剧史上，特别是宗教演剧方面，却有过它的地位。它以沉默、严肃、表情动作的直接简单取胜，最适宜表现伟大端庄、垂为模范的人物。以它来再现鲁迅先生，似乎更能于传达鲁迅的崇高以外，更予观众一种膜拜性的吸力……"[2]

1940年8月3日，萧红应邀在纪念鲁迅诞辰六十周年（中国传统以虚岁计）大会上做了"鲁迅先生事迹"的报告。当晚，在加路连山孔圣堂上演了萧红的哑剧《民族魂鲁迅》，演出获得了成功，演出后萧红闪着激动的泪花，上台与演员握手。10月19日，萧红出席了香港举办的鲁迅逝世四周年纪念会。

从萧红的这些社会活动来看，萧红在港并不"寂寞"。更

---

[1] 萧红：《民族魂鲁迅·附录》，见《萧红全集》第5卷，北方文艺出版社，2018年版，第92页。

[2] 冯亦代：《哑剧的试演〈民族魂鲁迅〉》，载香港《大公报》，1940年8月11日。

1940 年 8 月 3 日，萧红在香港文化界"纪念鲁迅六十诞辰"大会上做"鲁迅先生事迹"报告。该照片刊登在次日的香港《星岛日报》上

何况萧红还与内地，特别是当时的文化中心重庆保持着密切的联系。尽管港九偏于东南隅，且有战乱阻隔，但她在港期间的五部作品都是在内地出版的，其中《旷野的呼喊》《呼兰河传》出版于上海，《萧红散文》《回忆鲁迅先生》《马伯乐》（第一部）出版于重庆。萧红还与时任重庆《新华日报》总编辑的华岗有较频繁的书信往来。

此间，萧红与外国友人也有一些联系。1940年8月26日，美国女作家史沫特莱回国途经香港，住在香港会督（即大主教）英国人何鸣华（Bishop Hall）博士的乡间别墅沙田地哨号玫瑰园。次年 3 月，她到萧红在九龙尖沙咀乐道八号的家里去探望。她看到萧红与端木蕻良只有一间屋子的居室很狭小，就立刻把萧红接到何鸣华的家中，与自己住在一起，改善一下她的生活和写作环境，哪怕是暂时的也好。在这里，萧红完成了长篇讽刺小说《马伯乐》的续稿。小说塑造了一个灰色小知识分子马伯乐的形象，他在抗战中逃来逃去。萧红以一个辛酸、愚妄、滑稽的"小人物"，揭开了抗战时期社会生活的一角，开辟了抗战文学新的题材领域——"逃难"，为中国现代讽刺文学添了浓重的一笔。

史沫特莱离港前，见萧红身体非常虚弱，就劝她去诊治，并利用自己的关系，为萧红联系了玛丽医院，那是香港最大的公立医院。史沫特莱还告诉萧红，日军很快要南进，向香港和东南亚进攻，劝萧红到新加坡去。萧红曾一度想去新加坡，但端木蕻良编务在身，不能一起去。她又去劝茅盾夫妇和她一起去，但茅盾和端木蕻良一样也为编务所累一时无法离开，只好劝萧红等一等。

史沫特莱临别时，萧红托她把自己的《生死场》和其他几本作品集转赠给美国作家厄普东·辛克莱。辛克莱是萧红仰慕已久的作家，在哈尔滨读书时，她就非常喜欢辛克莱的作品。萧红在散文《一九二九年底愚昧》中记述道："那时节我读着辛克莱的《屠场》，本来非常苦闷，于是对于这本小说用了一百二十分的热情读下去的。在那么明朗的玻璃窗下读。因为起早到学校去读，路上时常遇到戒严期的士兵们的审问和刺刀的闪光。"萧红在短篇小说《手》里又提到了《屠场》，而萧红的成名作《生死场》就明显地受到了《屠场》的影响。在另一篇散文里，萧红又提到了辛克莱的《石炭王》。萧红在哈尔滨参加罗烽发起的"星星剧团"时，还曾排练过辛克莱的剧本《小偷》，她在剧中扮演病妇人。由此可见萧红多么敬佩这位美国作家。

当时已是加利福尼亚州州长的辛克莱接到史沫特莱转来的萧红的作品后，也将自己新出版的一本书寄给萧红，同时还写来一封热情洋溢的信，感谢她的"漂亮的礼物和问候"。此信当时在1941年9月《时代文学》第4期上影印发表。

史沫特莱回美后，将萧红的一篇小说《马房之夜》介绍给了当时美国《亚细亚》月刊的主编海伦·福斯特。海伦是斯诺（《西行漫记》的作者）的前妻，与斯诺一起在中国生活了多年，对中国新文学一直很关注，她曾在《现代中国文学运动》一文中称萧红为"新出现的极有才华的青年作家"。1941年9月，海伦与他人合作把《马房之夜》译成了英文，发表在《亚细亚》上。之后，又致萧红、端木蕻良一封长信，向他们约稿，并希望他们能在《时代文学》杂志上介绍《亚细亚》。《马房之夜》在《亚细亚》上发表后，海伦立即将200元港币的稿酬从美国汇至香港大通银行。萧红接到领款通知单的那天是1941年12月

7日，第二天太平洋战争爆发，这笔稿酬始终没有领到。

茅盾在《〈呼兰河传〉序》中反复渲染萧红"蛰居"香港期间是寂寞的，由于茅盾在中国文坛的崇高地位，其宏大的声音一直笼罩着对萧红的评论。但从萧红在港较多的社会活动、与众多中外友人的交往、与内地出版界多有联系、与内地朋友时有书信往来以及创作出大量好作品来看，萧红在香港并不寂寞。那么茅盾为什么说萧红"寂寞"呢？主要是因为茅盾写该文的时候，其爱女沈霞的英年早逝还不到一年，茅盾心境十分落寞。在推己及人的"同理心"的作用下，茅盾就认为萧红在港很寂寞、很抑郁，这其实是不对的。"寂寞说"直接影响了对萧红在港两年的评价，遮掩了萧红生命最后岁月的光芒。

二 文坛双璧

过去写端木蕻良与萧红的文章，有一些对端木蕻良颇多责难却严重失实。比如绿川英子曾写道："我想到微雨蒙蒙的武昌码头上夹在濡湿的蚂蚁一般钻动着的逃难的人群中，大腹便便，两手撑着雨伞和笨重行李，步履为难的萧红。在她旁边的是轻装的端木蕻良，一只手捏着司的克，并不帮助她……她的悲剧的后半生中最悲剧的这一页，常常伴随着只有同性才能感到的同情与愤怒，浮上我的眼帘。"[1]绿川英子在上海和重庆两度与萧红有过短暂的相处，但她从未在武汉与萧红有过交集，并且萧红与端木蕻良从未在"武昌码头"一起逃难，那么在"武昌码头"的一幕就纯粹是想象出来的。情绪化的表述易于引起共鸣，在同情心的驱使下，端木蕻良就成了发泄愤恨的对象，人们自觉或不自觉地就"信以为真"了。

再比如靳以曾著文说："有一个时节她和那个叫做D的人同住在一间小房子里，窗口都用纸糊住了，那个叫做D的人，

---

[1] 绿川英子：《忆萧红》，见《怀念萧红》，黑龙江人民出版社，1981年版，第58页。

全是艺术家的风度，拖着长头发，入晚便睡，早晨十二点钟起床，吃过饭，还要睡一大觉。"[1] 这里的"D"指的是端木蕻良。尽管他是端木蕻良复旦大学的同事兼上下楼的邻居，也不见得就了解端木蕻良的坐卧行止等私密的事情吧？若按靳以提供的这份作息时间表，端木蕻良每天睡眠在18个小时以上，好像端木蕻良不授课、不编刊、不写作似的。要知道，当时端木蕻良可是在复旦大学新闻系授课，同时还兼任《文摘》副刊主编，此间端木蕻良的创作极为勤奋，据《端木蕻良年谱》（春风文艺出版社，2020年版）记载，端木蕻良在渝期间创作短篇小说十余篇，长篇小说一部，此外还有一些诗文，著名的抗战歌曲《嘉陵江上》就是根据端木蕻良的同名诗歌谱曲而成的。端木蕻良曾说过这么一段话：

> 关于有人肆意歪曲事实，其实，也很容易理解。一对夫妇天天吵架，不可能和他们的创作成比例。或者说，夫妇不和绝不是创作的动力。排比一下我们的创作产量和质量，这个问题就会迎刃而解的。[2]

不错，抗战期间，萧红和端木蕻良作为夫妻作家，连有佳

---

1 靳以：《悼萧红》，见《怀念萧红》，黑龙江人民出版社，1981年版，第74页。
2 彦华木：《端木蕻良畅谈生平与创作》，载《开卷》，1979年8月第2卷第1期。

作推出，在当时是很引人注目的。虽然萧红和端木蕻良共同生活只有四年，但这四年恰是他们创作的丰产期，其中在港两年，又是他们最为珍贵的黄金时期。就说萧红吧，萧红仅有的两部长篇小说《呼兰河传》和《马伯乐》都是在香港完成的；她的四部散文集在香港出版了两部；她的两部短篇小说集中，《旷野的呼喊》也是在香港出的。

我们不能根据一时一事，甚至夫妻之间的一句抱怨、一句戏言来判断他们的感情，而要从总体上看。周鲸文比较熟悉萧红和端木蕻良在香港两年的生活，他说：

> 两人的感情基本并不虚假。端木是文人气质，身体又弱，小时是母亲最小的儿子，养成了"娇"的习性，先天有懦弱的成分。而萧红小时没得到母爱，很年轻就跑出了家，她是具有坚强的性格，而处处又需求支持和爱。这两种性格凑到一起，都在有所需求，而彼此在动荡的时代，都得不到对方给予的满足。[1]

从萧红这方面说，尽管她是性情中人，但她认识端木蕻良时，已恋过爱、结过婚，在考虑与端木蕻良的关系上，应该是

---

[1] 刘以鬯：《周鲸文先生谈端木蕻良》，见《端木蕻良论》，台湾世纪出版社，1977年版，第115页。

理智胜过感情。也就是说，当初她清楚地看到端木蕻良身上的弱点和缺点，但她还是决定与端木蕻良结婚，那就意味着她能容忍端木蕻良的这些弱点和缺点。正是因为萧红对于重新获得的这份情感的珍视，再加上她长端木蕻良一岁，才处处像姐姐一样关爱端木蕻良。比方说：从武汉撤往重庆时，他们只弄到一张船票，她一再坚持让端木蕻良先走；在重庆北碚住的时候，端木蕻良要进城办事，萧红总是要他坐汽车，不许他坐船，因为当时嘉陵江经常发生翻船事故。

从端木蕻良这方面说，萧红病重期间，他也用心照料，有人见到，为了让卧病的萧红躺得舒适些，他一天要几次挪动床的位置。南国社诗人领袖柳亚子也见证了端木蕻良尽心看护萧红的情形，并写诗赞云："文坛驰骋联双璧，病榻殷勤伺一茶。"[1]

萧红和端木蕻良不仅在生活上相互关心，在创作上也互相支持。从他们的创作题材上看，有较为明显的互相参照的因素。就1938年以来的抗战小说而言：端木蕻良写了《螺蛳谷》，萧红写了《旷野的呼喊》；端木蕻良写了《找房子》，萧红写了《逃难》；萧红写《黄河》，端木蕻良写《风陵渡》；端木蕻良写《北风》，萧红写《北中国》。还有，萧红写怀念家乡

---

[1] 柳亚子：《赠蕻良一首并呈萧红女士》，见《怀念你——萧红》，哈尔滨出版社，1991年版，第11页。

的《呼兰河传》，端木蕻良写家乡百年变迁的《科尔沁前史》；端木蕻良写长篇讽刺小说《新都花絮》，萧红写同样风格的《马伯乐》……这在夫妻作家中也是很少见的。

从创作风格上，也可看出萧红与端木蕻良彼此的影响，而且萧红受影响要大一些。这与萧红的性格大有关系，如梅林所说："她自从和萧军离开后，除了保存几分坦直的性格而外，无论在哪方面都可以看出她底'可塑性'，容易受接近她底人的影响，甚至作品的风格。"[1]端木蕻良的创作一直紧紧围绕家乡来写的：从《科尔沁旗草原》开始，到《大地的海》《大江》，以及他后来创作的短篇，都有鲜明的地方色彩。他的这种自传性和主体意识的表现对萧红影响很大。萧红以往的创作也写自己的家乡，但乡土气息并不是很浓郁，并且也比较零散。与端木蕻良结合后，萧红开始自觉地、有目的地创作"呼兰河系列"，即她后期的小说《呼兰河传》《后花园》《北中国》《小城三月》等。作家的优长一旦被自己意识到，并且转化为自觉的行动，就会焕发出巨大的能量，创作出不朽的篇章。萧红就是这样的作家。

---

[1] 梅林：《忆萧红》，见《梅林文集》，上海春明书店，1948年版，第35页。

有趣的是，端木蕻良与萧红夫妻二人还多有联璧之作。1939 年，萧红的《回忆鲁迅先生》出书时，端木蕻良为之写了后记；萧红的长篇小说《马伯乐》原定名为《马先生》，这有些一般化了，端木蕻良改书名为《马伯乐》，萧红很满意；《呼兰河传》书名，也是端木蕻良根据德国作家路德维希的《尼罗河传》取的。此外，端木蕻良分别以荆坪（端木本名叫"京平"）、金永霓为笔名给萧红的小说《小城三月》配了题花和一幅与小说情调十分和谐的优美插图。同样，萧红也为端木蕻良的《大江》和《科尔沁前史》的连载题写刊头。就是在端木蕻良为《星岛日报》写连载的长篇《大江》的时候，有一次病倒了，实在写不动了，但又不能让连载中断，于是萧红就帮他写了一节。《时代文学》第三期目录页的设计又是两人合作的结果：萧红为刊名题字，端木蕻良绘制鲁迅、高尔基等世界作家肖像的题花。

萧红和端木蕻良的结合虽然还算不上是美满姻缘，却称得上是一对文学生涯中相师共勉的同路人，而不至于像有人想的那样，萧红由此走向日暮途穷。

萧红与端木蕻良分别为《时代文学》目录页设计的题字与题花

三　梦回呼兰河

　　萧红也许是中国现代文学史上最不幸的女作家，她一生漂泊，柔弱的身躯几乎承受了那个时代给予女性的全部屈辱与苦难：民族的与社会的，家庭的与婚姻的，精神的与肉体的……难以承受生命之重的萧红流落到香港时，已是一身疲惫、满心创伤了，那么哪里是她休憩和疗伤的地方呢？无疑是心中的故乡。

　　人类对于失根的恐惧无法逃避，寻根的渴望同样强烈而执着。漂泊是一种生存方式，回归则是一种精神的救赎。"故园之恋"是无家可归的萧红发出的沉重的叹息。萧红曾经竭力逃亡、竭力忘却自己的故园，她以为她已经成功地做到了这一点。但在漂泊中，隔着千山万水，当她蓦然回首才发现，她的故乡并没有遁去，而是藏匿在她的心中，与她的生命融为一体，并且呼兰河已经从幽深的岁月，从遥远的北国奔涌而来，流入她的梦里，涌至她的笔端……于是，她在回忆中踏上了回家的路，并用乡音唱出了她的乡恋、乡愁，这便是她的诗化纪实小说——《呼兰河传》。

1937年12月在武汉时，萧红就开始了《呼兰河传》的写作，直到1940年12月小说才在香港完稿。小说于1940年9月1日至12月27日在香港《星岛日报》上连载；1941年5月30日由桂林上海杂志公司出版。萧红写《呼兰河传》，流徙多地，三年乃成。可以说，《呼兰河传》是萧红酝酿最久、寄情最深的一部小说。萧红创作《呼兰河传》的时候，恰是抗战的热情使作家集体产生心浮气躁情绪的时候，而萧红这位"抗日作家"却内敛了光芒，回到了童年，回到了故乡，回到了"国民性"的阐释，回到了人类生存的基本命意，更重要的是回到了她的宁静中含着悲欣的心灵世界。而小说完成之际，东北已沦陷九年多了，萧红阔别故土也已六载。《呼兰河传》浸透着萧红对养育过她的那片土地的一往情深，从中我们可以听到远在天涯的女儿呼唤着家乡的心声。

《呼兰河传》延续了《商市街》的私人性话语，由于纪实的特点，作品中的"我"与萧红几乎是同构关系。这样，萧红带着深情，带着无奈，带着含泪的笑，让自己的童年讲述着一方苦闷的黑土、一个黯然的小城、一串遥远的故事。小说通过对童年生活的回忆，表现了对边陲故土的深情，对家乡人民的眷恋。小说以一个孩子的视野与想象，以一种萧疏冷落的灰暗色调，呈现了破落的旧中国的一角——东北小城呼兰的风貌。那里有比"社戏"更热闹的"野台子戏"，有比"百草园"更明朗、更温馨的"后花园"，那里也有着形形色色的人物，他们按照几千年传下来的习惯单调刻板地生活着。他们愚昧、麻木，自己制造着一幕幕悲剧与闹剧。萧红怀着深沉的感情，揭示了旧的传统意识对善良人民的束缚与戕害。小说有对苦难人民的同情和对反抗者的歌颂，更多的是对他们落后思想的揭示和批判。

　　《呼兰河传》还带着鲜明的民族文化寻根的味道，具有深厚的文化内涵。诸如娘娘庙会、放河灯、跳大神等细节的描写，记录了一个逝去的年代，作品本身的容量已经超出了文学的范围，而具有了文化学的价值。小说通过对东北典型的风土人情的描写，营造出了鲜明的、特殊的地域文化氛围。我们用"乡土文学"这个概念的确能涵盖萧红的大部分小说作品，把萧红归入乡土小说家，基本上是可行的。她的乡土小说是她创作中最具光彩的部分，也是 20 世纪中国乡土小说史上一道亮丽的风景，它吸引着无数读者驻足感叹，流连忘返。而最能体现萧红创作风采的，无疑就是这部《呼兰河传》。

从《呼兰河传》中我们不难看出，萧红自身命运的不幸和心灵的创伤，使她的作品或多或少地流露出哀怨、低沉的情思，但更多的是沁着对质朴的家乡人民的挚爱，对他们苦难的同情、对他们愚昧的怨愤和无奈。她怀着愤世嫉俗的热情，把病态社会、病态人生披露开来给人看，旨在启迪人们，呼吁社会变革，这些正体现了萧红的社会理想。因而，《呼兰河传》虽然也写野蛮和愚昧，但她审视的是淳朴的人类天性；她虽然也写缺陷和丑陋，但她挚爱的是乡村生活内蕴的美质。总之，这个长久被历史遗忘的小城，在萧红的笔下被发掘出来了，这里被人遗忘的灵魂，被她犀利的笔锋唤起。

《呼兰河传》的最大价值，在于她创造了不可替代，又不可模仿的范本，呈现出自己独特的文体风格。小说以其文体风格的开放性、丰富性与独特性，不仅成为现代文学史上一种全新的小说叙述类型，而且成为文学研究中的一个经典个案。关于《呼兰河传》的文体，历来的评论者众说纷纭、莫衷一是。有人说是小说，有人说是自传；有人说它近乎散文，有人说它倾向诗，甚至有人说它有些"杂文化"。其实，《呼兰河传》凝结了萧红多种文体写作经验和多种艺术技法，从外在文类看，将小说、散文、诗歌、寓言、童话熔于一炉；从内在操作看，把写实与写意、象征与暗示、反讽与幽默汇于一体。综合地看，《呼兰河传》的文体应当定性为"诗化纪实小说"。

我们在读《呼兰河传》的时候，就像读着肖洛霍夫的《静静的顿河》、拉克斯内斯的《冰岛姑娘》等这类史诗性作品一样。不错，《呼兰河传》也是一部史诗，它超越了一般的反映现实的层面，达到了人生哲学高度，具有丰厚的文化内涵，带着民族文化寻根的意味。小说是为呼兰河小城作传，作者既俯瞰，又仰视，既参与，又旁观。无论是写呼兰河"卑琐平凡的实际生活"，还是写呼兰河不寻常的"盛举"；无论是写呼兰城的全貌，还是具体写呼兰城的一人一事，都力图展示呼兰城的乡俗民情，透视呼兰人的灵魂，从而形成了呼兰河史诗般的作品。正因为它是史诗，才不会随岁月老去，它才永远年轻。

《呼兰河传》使萧红找到了自己灵魂与艺术的归宿，实现了自己的人生价值和艺术追求。《呼兰河传》对于萧红来说，其意义之大是怎样估计都不会过分的。这部杰作是萧红生命最绚烂的一次闪光，是她的情感、性格、心理最集中的呈现，是她杰出的艺术才华与大胆的创造精神最有力的证明，是她作品的思想和艺术走向成熟和辉煌的巅峰之作。

四 荆棘鸟的绝唱

1941年7月，萧红似乎预感到自己的步履已经接近人生的尽头了，淀积于心中的对青春执着的留恋和对故乡魂牵梦绕的思念一齐浮泛上来，于是她伏在病床上用两夜完成了一个篇幅较长的短篇《小城三月》，它一向被认为是萧红创作的最后一篇小说。《小城三月》是从萧红心底流淌出来的一支凄婉的春之歌和炽热的怀乡曲，是荆棘鸟的绝唱。

《小城三月》属于一部忆旧之作，从取材上刚好与《呼兰河传》一脉相承。它讲述了一段耐人寻味的小城故事，宛如令人叹息的三月恋曲。

在萧红初期的小说里，爱情是一个沉默的缺席者。或许，她要透过这一缺席，揭示女性更深层的悲剧，即在男性中心的社会里女性只是充当一个性别的符号，没有作为人的尊严和价值。临到生命的尽头，这位"半生尽遭白眼冷遇"的女作家，掉过头来去写她相当熟悉的题材——不幸的爱情、婚姻了。在个人际遇几经坎坷曲折之后，痛定思痛再去写抨击旧的礼教和婚俗的篇章，就更能切中要害。

小说主人公翠姨的原型是萧红的小姨，萧红叫她开姨，年龄与萧红相仿。小说中的翠姨，"生得并不十分漂亮，但是她长得窈窕，走起路来沉静而且漂亮，讲起话来清楚地带着一种平静的感情。她伸手拿樱桃吃的时候，好像她的手指尖对那樱桃十分可怜的样子，她怕把它触坏了似的轻轻地捏着"。在社会新思潮像迟到的春风吹到冰封雪盖的北国小城时，她从心底热烈地向往着新的生活，并悄悄爱上了"我"的堂哥——在哈尔滨读书的新式青年。但她却从不肯表露，只默默埋藏在心灵深处。因为翠姨是再嫁寡妇的女儿，她觉得身份低下。"三从四德"的旧道德不仅要给"离经叛道"的寡妇加上种种恶谥，还要累及子女，把他们打入"另册"，这是非常可怕的株连。它像魔影一样无时无刻不在追逐着翠姨这个无辜的女子。翠姨在强加于身的不公道的境遇中，变得自惭形秽起来，在深感于命途多舛的叹息声中，削弱着生命活力。她的母亲给她选了一个不称心的女婿，她只是淡然置之。三年后婆家娶亲的消息传来，她心中一急便病倒了。而这时，婆家再三催婚，翠姨在极度绝望中离开了人世。

　　翠姨短暂的一生虽呼吸着悒郁的空气，然而她娴静的气质和聪颖的天赋却把她点染得楚楚动人。翠姨去赴一家满人的婚礼，在花枝招展的姑娘中，唯独她"漂亮得像棵新开的腊梅"，招致了一齐射过来的羡慕的眼光。她要摆脱窘境，竟误入了新房，惹来了更多的戏谑。她却不嗔不愠，仪态庄重、谦和而矜持。她只有和"我"在一起的时候才打开心扉，在那个已经有了新气息的环境里，她谈的、想的、求的就多了。从女子结婚太早不好的自白，到读书求知念头的萌生，都在说明她的内心世界已经闪现出微明的火花。

翠姨有着处于青春期的女孩子都具有的向往和情怀，然而翠姨的婚事却握在长辈手中。她的母亲本是个遭过人们冷眼相看的女人。她似乎苦于自己的女儿没有福分高就，第一次提婚，尽管男方"说话口吃，没有风采"，但男方的家人还是拒绝了。所以第二次才许配给一个长得"又小又瘦"的寡妇的儿子。翠姨的母亲全然不顾，也许压根就不知道女儿还有个意中人，就糊里糊涂地安排了女儿的终身。翠姨对此能作什么表示呢？小说写道："她是出嫁的寡妇的女儿，她自己一天把这个背了不知有多少遍，她记得清清楚楚。"她在生活面前总是怯生生的，这种自爱自重竟成了压在她身上的磐石，以至于"她的恋爱的秘密就是这样子的，她似乎要把它带到坟墓里去，一直不要说出口，好像天底下没有一个人值得听她的告诉……"她又有无法改变的个性："我小时候，就不好，我的脾气总是，不从心的事，我不愿意……这个脾气把我折磨到今天了……"她生命的力量和觉醒的意识像嫩芽刚钻出泥土去追着春光，便被一场严霜毁灭了。

对于翠姨的婚事，在娘家一方好像有一种无形的力在牵引着，支配着——只能如此。而婆家一方则认定这是天经地义的，以为既是花了聘钱，当然要娶；病了也没有缓冲余地，而且据说过了门就能冲好。翠姨所钟爱的男子颇有点新派味道，但有他先天的软弱性，也搭救不了她。

翠姨宁可让心中盛开的感情花朵枯萎、凋谢，也绝无勇气向人们宣布自己的爱情选择，去争取合理的归宿。她心里只想死得快一点就好，多活一天也是多余的。直至临终前，"我"的堂哥去看她时，她面对自己心爱的人，再也抑制不住了，情感像火山一样迸发出来。"他刚一伸出手去，翠姨就突然地拉了他的手，而且大声地哭起来了，好像一颗心也哭出来了似的"。这是她第一次，也是最后一次大胆地暴露自己的情感。不久，她带着哀怨，带着眷恋，带着一丝满足，离开了人间。

鲁迅说："悲剧将人生有价值的东西毁灭给人看……"[1] 萧红正是从这一美学观点出发去完成女主人公悲剧性格塑造的。小说用了大量笔墨去渲染女主人公的青春气息和美好的情

---

[1] 鲁迅：《再论雷峰塔的倒掉》，见《鲁迅全集》第1卷，人民文学出版社，2005年版，第203页。

愫，通篇写得很含蓄，很平稳，没有大的起伏跌宕，不追求悲剧的外在效果，而是着意于发挥出悲剧的内在力量。翠姨内心向往着美好的爱情，却不能也不敢追逐明媚的春光，最后只能成为可悲的牺牲品。小说中充满青春易逝、人生苦短的悲凉与无奈，读后令人不禁生出一缕哀愁，一声叹息。

《小城三月》在风格上也与《呼兰河传》颇为相近，都是"诗化小说"，通篇带着淡雅的诗意。小说的故事以春天始，以春天终，但同是阳春三月却色调迥异。

翻开《小城三月》似一阵春风拂面而来，春天是那么明媚，那么诱人。在我们正流连于生机勃勃的春光里的时候，从画面深处走来了十八九岁的女主人公。翠姨的爱情与美好的春天融于一体，因而春天显得特别可爱，给人以温暖和希望。假如把小说开端的景物描写单独提出来，完全可以把它当作独立成章的散文诗来读。

"尾声"中也有一段很抒情的春天的描写："在我的家乡那里，春天是快的。五天不出屋，树发芽了，再过五天不看树，树长叶了，再过五天，这树就像绿得使人不认识它了。……春天为什么它不早一点来，来到我们这城里多住一些日子。但那是不能的了，春天的命运就是这么短。"表面上这是在写北国之春的短促，实际上是象征了翠姨生命春天的短促，尽管她胸中泛起过幸福的春潮，脚下追赶过春天的信息，但一切都成了一场春梦。从中，人们仿佛听到翠姨对春的悲吟和爱的呼唤。那情调迥异于起笔时的热闹、繁华：春天的原野多了一个"淡淡的青色坟包"，买春装的姑娘中少了一个坐着马车而来的翠姨。北国之春是美好的，也是短暂的："街上有提着筐子卖蒲公英的了，也有卖小根蒜的了……一转眼，吹哨子的不见了，接着杨花飞起来了，榆钱飘满了一地。"春去匆匆，翠姨少女的芳华也消逝得匆匆。小说中，自然界的春色先是女主人公青春年华的陪衬，后又成了悲剧的反衬。这正反双面的艺术衬托和前后氛围的鲜明"落差"便是诗意所生发的美学依据。小说中的好些场面都是先荡漾着一派飞动、欢愉情调，末了只轻轻抹上两笔，气氛便顷刻冷落下来。萧红很讲究艺术辩证法，在相反相成中，创造出难以尽言的苍凉诗境。

中国现代文学史上有一系列处于爱情婚姻悲剧中的女子形象，翠姨以她独有的意义和风貌加入了这个行列。翠姨作为艺术典型是以她独特的身份、所处的独特环境，以及独特的性格所造成的悲剧，批判着婚姻中陈规陋俗的罪恶。萧红正是从对生活独具特点的把握入手，把妇女命运这一为众多作家关心的问题从一个新的角度加以开发，并把悲剧主人公置于特定的北方小镇的环境中，尽力展露女主人公美好的情愫、动人的气质、热烈的向往、铭心的苦恼，层次清晰地揭示出她是怎样支持不住沉重的精神负担而走向生命尽头的。翠姨的形象，为中国现代文学的女性悲剧形象序列增添了一个有说服力和感染力的典型。

五　此恨绵绵

　　萧红在香港时，身体已经很衰弱了，可她还是拖着多病之身，创作了长篇小说《呼兰河传》《马伯乐》，还有短篇小说《小城三月》《后花园》《北中国》，哑剧剧本《民族魂鲁迅》，等等。尤其值得一提的是，在她病重期间，手不能书，躺在病榻上她还口述了一个短篇小说，这就是由骆宾基记录的，后来发表在1943年1月15日《人世间》第1卷第3期上的《红玻璃的故事》，署名为：萧红遗述，骆宾基撰。此时萧红已经逝世一年了。萧红口述的这篇小说还被翻译成了日文。

　　萧红生命的最后两年，虽然生活在南国一隅的香港，却没有远离时代，她的目光仍关注着民族抗战，她的心仍和时代的脉搏一起跳动。漂泊中的萧红时时感受着国家危亡的伤痛，特别是在"九一八"那个悲惨的日子到来的时候。1941年"九一八"十周年纪念日前后，萧红在香港发表了《给流亡异地的东北同胞书》《"九一八"致弟弟书》，还在《旅港东北人士"九一八"十周年宣言》上签名。

　　在《给流亡异地的东北同胞书》中，萧红充满深情地说：

"家乡多么好呀，土地是宽阔的，粮食是充足的，有顶黄的金子，有顶亮的煤，鸽子在门楼上飞，鸡在柳树下啼着。马群越着原野而来，黄豆像潮水似的在铁道上翻涌。"她发出了热情的召唤："东北流亡同胞们，我们的地大物博，决定了我们的沉着毅勇，正如敌人的家当使他们急功切进一样。在最后的斗争里，谁打得最沉着，谁就会得胜。""我们应该献身给祖国作前卫工作，就如我们应该把失地收复一样，这是我们的命运。东北流亡的同胞们，为了失去的土地上的大豆、高粱，努力吧！为了失去了土地的年老的母亲，努力吧！为了失去的地面上的痛心的一切的记忆，努力吧！"病中的萧红迸发了自己的光和热，发出了震撼人心的呼吁和誓言。

而在那平易而感人的《"九一八"致弟弟书》中，萧红亲切地写道："可弟：小战士，你也做了战士了，这是我想不到的。"她说："现在我们已经抗战四年了。在世界上还有谁不知我们中国的英勇，自然而今你们都是战士了。"最后她充满希望地说："我心里可开心极了，因为我看到不少和你那样年轻的孩子们，他们快乐而活泼，他们跑着跑着，当工作的时候嘴里唱着歌。这一群快乐的小战士，胜利一定属于你们的，你们也拿枪，你们也担水，中国有你们，中国是不会亡的。"字里行间饱含着对弟弟的深切思念和热情鼓励，也充满着企盼收复故土，重整河山的强烈愿望。需要知道的是，《"九一八"致弟弟书》是萧红留给后世的最后一篇作品，4个月后萧红病逝于香港。

萧红就像荆棘鸟那样，生命不息，歌唱不已，为故园之恋、亡国之恨唱着一曲曲和着血泪的歌谣。萧红是用生命之笔，蘸着自己的血写出一篇篇作品的。对此端木蕻良曾有过专论，他说：

> 创作，是萧红的"宗教"。
>
> 她经常流露出她创作有一种宗教感。一九三九年，我在重庆复旦大学教书时，教务长孙寒冰和《文摘》负责人贾开基，请萧红在复旦也教一些文学课，但她连连摇头，坚决谢绝。
>
> 她对我说："教书必得备课，还得把讲义编好，要吸收的和要说出的，和写小说、散文可不一样。讲课日久天长，就会变成一位学究，要搞创作也可能只会写教授小说了。有些人写的小说，就是这样。还有一些人巴不得进入学院来教几个重点的课呢，那是他们的事。"
>
> …………
>
> 我们到香港后，其实也没有什么家务可操持，但还是请了一位保姆，就是为了把节约下来的时间都投进写作上面去。在我主编的《时代文学》创刊后，时代书店的创办人周鲸文便倡议由萧红主编《时代妇女》，作为《时代文学》的姊妹物。每月出一期，开本和《时代文学》一样。
>
> 萧红身体一向不好，周鲸文也知道。他说："这好办，事

务性工作，自然有人来作，甚至看稿也可以由别人代劳。"

萧红还是连连摇头，坚决谢绝。

她责任心强，不愿担个名儿就了事。大家都知道，要办好一种定期刊物，几乎没有喘息时间可言，必须要占用写作时间，同时，也是要以健康来作抵押的，而被牺牲的，当然还是创作。[1]

萧红对写作的这种"宗教感"她自己也表白过，1938年在西安聂绀弩称她是"才女"的时候，她却说："我是像《红楼梦》里的香菱学诗，在梦里也作诗一样，也是在梦里写文章来的，不过没有向人说过，人家也不知道罢了。"[2]

1941年夏，胡风自桂林抵香港，得知萧红的健康状况不佳，在家养病，即前往探望。萧红躺在床上，但精神还好，可能是老友来访的缘故。她很兴奋地对胡风说："我们办一个大杂志吧？把我们的老朋友们都找来写稿子，把萧军也找来……如果萧军知道我病着，我去信要他来，只要他能来，他一定会来看我、帮助我的。"[3]

7月，萧红病重，她来到当初史沫特莱为她联系的玛丽医院做了一次全面检查。检查的结果是患有肺结核，就是老百姓

[1] 端木蕻良：《萧红和创作》，载香港《龙之渊》，1988年第10期。

[2] 聂绀弩：《回忆我和萧红的一次谈话——序〈萧红选集〉》，见《萧红研究》第一辑，哈尔滨出版社，1993年版，第165页。

[3] 胡风：《悼萧红》，见《胡风全集》第7卷，湖北人民出版社，1999年版，第133页。

说的"痨病"。虽然当时肺结核已不是绝症，却是一种死亡率很高的疾病，这给萧红造成很大的精神负担。并且，要想治愈不至复发，需要相当大的一笔钱，但萧红和端木蕻良的收入根本无力负担这么大的一笔住院医疗费。柳亚子得知情况后，找到周鲸文，建议由他牵头，大家集资，为萧红住院治疗。周鲸文慨然答应一切费用全部由他承担。不久，萧红被送进玛丽医院住院。萨空了的夫人金秉英回忆了住院期间的萧红。

电梯开动以后，借着电梯内微弱的灯光，我才看清楚那辆车子上坐着一位年轻的女病员，穿着白色毛巾的罩衣，长头发，梳着两条辫子，盘在头上。再一打量，面色苍白，可是那一双传神的大眼睛，给人感觉到另有一种风韵，似乎是那么面熟，一时又想不起来她到底是谁，或者是在哪里曾经见过。刹那间，我觉得我很喜欢她，想和她说话，似乎她也在打量我。这时她忽然问我："你是北京人？""嗯，你也是北京人？"我说。"不，我是东北人。"她答。我又问："你怎么知道我是北京人？"她微笑着说："听得出来。我的朋友中，许多人是从内地来的……"走到了大厅门口，将要分手时，我们才互通了姓名……当我听她口里道出"我叫萧红"的时候，我只觉得名字和人一样美。[1]

---

[1] 金秉英：《昙花一现的友情——思忆萧红》，见《萧红研究》第一辑，哈尔滨出版社，1993 年版，第 212 页。

端木蕻良的助手、《时代文学》的副主编袁大顿回忆说："萧红的病榻是玛丽医院四楼的前方走廊上，正面临环围着的半面海，看着那浩瀚的海，那大块的万里长空，吸着旷野的新鲜空气，这时萧红的心境，还是很愉快的。在寂寞中她把一本《圣经》读完了，见到我们来，总嚷着太寂寞，要我们下次带点新书给她看，但医生老是不许，我们没办法，只得送给她一些画报，她笑了，她说我们把她当成儿童来看待。"[1]虽然玛丽医院设备齐全，医疗水平高，但萧红还是难耐这里的孤寂，11月初就出院了。袁大顿回忆说："由于在家医疗的不便，萧红的病一天比一天更糟了……有一次，她要我替她到屈氏药房买一支试体温的摄氏水银管，因为不在行，给买了一支华氏的回来。于是她笑了，笑后，却温顺地给我解释了体温管的使用法。萧红真挚的心魂的大门，在苦难临头时也为人打开的。"[2]

11月中旬，端木蕻良再次将萧红送入玛丽医院。下旬，萧红因不满医院的服务态度，由前去探望她的东北救亡总会副会长于毅夫（东北光复后任嫩江省省长）接回寓所。这段时间，来探望萧红的友人很多，比如茅盾、巴金、杨刚、柳亚子、骆

---

[1] 袁大顿：《怀萧红》，见《怀念萧红》，黑龙江人民出版社，1984年版，第78页。
[2] 袁大顿：《怀萧红》，见《怀念萧红》，黑龙江人民出版社，1984年版，第79页。

宾基等都常来。特别是骆宾基，在萧红生命的最后的日子里，给予萧红以很大的照抚。

骆宾基（1917—1994），原名张璞君，吉林珲春人，出生于一个闯关东的商人家里。骆宾基曾在哈尔滨读中学，1936年到上海开始从事文学创作，上海沦陷后在浙东从事抗战文艺活动。1941年秋骆宾基来到香港，困窘中求助于端木蕻良，是端木蕻良为他安置了住的地方，并将自己在《时代文学》连载的长篇撤下，转而刊发骆宾基的长篇《人与土地》，以解决他的燃眉之急。骆宾基常到萧红和端木蕻良的住处去拜访他们。

1941年12月8日（夏威夷时间12月7日），日本偷袭珍珠港，太平洋战争爆发。此后的46天，萧红经历了噩梦般的现实、地狱般的黑暗。

当日凌晨，日军进攻九龙，病中的萧红被置于战火中。

端木蕻良到香港去找朋友，打算把萧红转到香港岛。这时骆宾基因战事临近打算回内地，打电话向他们辞行。端木蕻良恳求骆宾基留下来帮助照顾萧红，骆宾基答应了，并很快从香港岛来九龙萧红家里。据骆宾基说，当时外面枪炮声不断，就像死神在敲门。萧红由于精神过度紧张，以及说话太多，体力衰弱，现出十分疲倦的样子，时时闭起眼睛昏昏欲睡。

晚上，端木蕻良疲惫不堪地返回来，告诉他们已经和于毅夫商量妥了，把萧红送到香港岛。当时港九之间轮渡已经停运了。

当天夜里，于毅夫派一只小舢板来接萧红。

9日凌晨，偷渡成功。

萧红下船后，于毅夫领人前来接应，用担架把萧红抬到周鲸文家。在周鲸文的安排下，萧红被送到雪场街思豪大酒店。由于九龙很多富人都逃到香港岛，思豪大酒店房客爆满，前东北军的将领、张学良的胞弟张学铭，听说东北女作家萧红要找房间，便主动将自己的房间让给了萧红。

18日，日军开始由九龙向香港岛进攻。萧红所住的思豪大酒店被日军的炮火击中，萧红被转移到山上，后又被送到时代书店的宿舍。

1941年12月25日，圣诞节这一天，日军攻入香港大部，港督宣布投降。

战火虽趋于平静，但恐怖的气氛没有消除，香港居民纷纷外逃，共产党也安排大批进步人士秘密出港。当时，中共要抢救的滞港文化界和爱国人士有300多位，广东人民抗日游击队东江纵队负担起了这个艰巨复杂的任务。于毅夫也安排萧红、端木蕻良出走，但萧红病重体弱，急需治疗，已经不能走远路，无法通过日军的封锁。于毅夫便留下船票钱，并指派人等着他们，一旦萧红病情有转机，就护送离港。

1942年1月9日，茅盾夫妇、叶以群等与胡绳夫妇、于伶夫妇、邹韬奋、廖沫沙等分成两批化装离港。11日，柳亚子、何香凝等撤走，一批一批的文化人在东江纵队的掩护下安全离开了沦陷的香港。萧红多希望能站起来，与大家一起撤离，但是不能。因受战乱的恐吓折磨，既得不到治疗，又得不到休养，萧红病情突然加重，呼吸困难，饮食不进。

12日，萧红被送进养和医院，这是香港较大的私营医院。入院后被诊断为喉管肿瘤，须马上动手术摘除，否则危及生命。次日，院长李素培博士为萧红做了手术，但术中根本没有找到肿瘤，而是一般的炎症，这是一次可怕的误诊！萧红术后刀口迟迟不愈合，病情明显恶化。

萧红当时并没有什么更严重的病症，只要有好的消炎药控制术后炎症，她是可以活下来的。可市面上已无药供应，药品已成为日军的第一军需品。萨空了在《香港沦陷日记》中提到，1月14日，他最小的孩子忽然高烧，想买阿司匹林之类的退烧药，走出去转了半天，什么也没买着，只好决定给孩子多喝些开水，挺一夜再说。

18日，端木蕻良要把萧红转回到刚刚恢复营业的玛丽医院。养和医院与玛丽医院一个在东北，一个在西南，直线距离就四十多里，有汽车还算方便，但医院没有救护车，而此时香港交通已断绝，所有汽车都被日军征用。端木蕻良拖着风湿的病腿到处奔走，想为萧红找辆汽车。就在端木蕻良走投无路的时候，他看到两个戴着记者臂章的日本人在用英语交谈，便走了过去，想碰碰运气。他用英语做了自我介绍，请他们帮忙，弄辆车把萧红送到玛丽医院。没想到端木蕻良遇到的是两个良知未泯的日本人，其中一个叫小椋的朝日新闻社的记者找来车，把萧红转进了玛丽医院。这已是萧红在半年左右第三次住进该院。经医院会诊，确定为肺结核与恶性气管扩张。当天，又给萧红做了挽救性手术，重新换了喉头的呼吸管。经过两次手术，萧红已经不能再饮食和说话了。

19 日午夜，萧红做手势要了纸和笔，写道：

> 我将与蓝天碧水永处，留得那半部《红楼》给别人写了。[1]

少顷，又写道：

> 半生尽遭白眼冷遇……身先死，不甘，不甘。[2]

21 日，玛丽医院被日军接管，改为"大日本陆军战地医院"。医院里的病人全部被扫地出门。端木蕻良又把萧红转入法国人

---

[1] 骆宾基：《萧红小传》，黑龙江人民出版社，1981 年版，第 102—103 页。
[2] 骆宾基：《萧红小传》，黑龙江人民出版社，1981 年版，第 103 页。

开的圣保禄医院，但很快，这家医院又被军管。不得已，萧红又被送到圣士提反女校（英国在港教会女校）设立的临时救护站，而这里连最基本的医疗条件都不具备。

端木蕻良问医生：萧红还有希望吗？医生说假使在正常情况下，她是有希望的，他可以保证这一点。但当下的情况，就很难说了。日本鬼子好像成心与萧红过不去，萧红到哪儿，烽火狼烟就追逐到哪儿：东北沦陷后，萧红与萧军从哈尔滨逃到关内的青岛；1937年"八一三"抗战爆发，他们从上海撤到武汉；1938年初到山西临汾不久，日军进犯临汾；萧红与端木蕻良返回武汉不久，"武汉会战"开始；入川不到一年，重庆遭到日本飞机的轰炸；1941年太平洋战争爆发，萧红从九龙偷渡到香港岛；而仅18天后香港也沦陷了。此时，病危的萧红又被从玛丽医院，赶到圣保禄医院，再赶到临时救护站。日军就像魔鬼一样追逐着萧红，使她想摆脱也摆脱不掉。

1942年1月22日上午10时许，忧国怀乡、沉疴在身的萧红悄然谢世了，时年不满31岁。一代才女萧红就这样走完了她短暂而充满不幸的人生之旅。萧红的生命是短暂的，但萧红的作品是永恒的，她的作品将她的生命延续到无穷远……

六 遗志沉埋浅水湾

萧红逝世前在病床上，仍计划着新的创作。她的长篇小说《马伯乐》第二部尚未完成，小说在1941年2月1日至1941年11月1日的《时代批评》上连载，末尾注"第九章完，全文未完"的字样。她曾对探视她的袁大顿说："我很可惜，还没有把那忧伤的马伯乐，提出一个光明的交待。"[1]；她也曾对护理她的骆宾基说："有一天，我还会健健康康的出来。我还有《呼兰河传》的第二部要写……"[2]；她想再写10个短篇，连题目都拟好了，甚至《还乡人》《采菱船》《珠子姐》等篇的故事情节都构思好了，就差写出来了；她还准备写反映哈尔滨女学生抗争生活的长篇小说《晚钟》；甚至还有更远大的计划，要写一部反映东北开荒史的长篇小说《泥河》（泥河为呼兰河最大的支流，萧红外祖母家所在的那个流域）……这是一些多么美好的愿望啊！难怪她在弥留之际，口不能言，还示意人拿来纸笔，艰难地写下："我将与蓝天碧水永处，留得那半

[1] 袁大顿：《怀萧红》，见《怀念萧红》，黑龙江人民出版社，1984年版，第78页。
[2] 骆宾基：《萧红小传》，黑龙江人民出版社，1981年版，第99页。

部《红楼》给别人写了。""身先死，不甘，不甘。"这是对黑暗世道的愤怒控诉，也可以看作她对自己不幸人生的最后呐喊。

萧红正值青春韶华，却过早地凋谢了。悲哉，惜哉！

萧红逝世后，端木蕻良遵其遗嘱，将她的遗体用白毛毯裹起，火化。为避免日占领当局规定的乱尸火化杂扬骨灰，端木蕻良再度冒险，向日方尸殓负责人说明自己的身份，争得了同情，保留了萧红的骨灰。战乱中，为保险起见，端木蕻良不得不将萧红的骨灰分葬：一半葬在圣士提反校园，这是萧红逝去的地方；另一半葬在当时颇为荒凉，而景色优美的浅水湾，这是萧红生前喜欢的海滨。可怜身死分两处，能不让人泪泫然?！端木蕻良亲手写下墓牌"萧红之墓"，立于浅水湾萧红墓前。

萧红的早逝，让海内外文友极为惋惜和悲痛。诗人戴望舒祭扫浅水湾萧红墓时，口占小诗一首：

> 走六小时寂寞的长途，
> 到你头边放一束红山茶。
> 我等待着长夜漫漫，
> 你却卧听着海涛的闲话。[1]

萧红的一生历尽磨难，饥寒交迫，贫病交加，曲曲折折，

---

[1] 戴望舒：《萧红墓畔口占》，见《怀念你——萧红》，哈尔滨出版社，1991年版，第19页。

坎坎坷坷。家庭的专制冷酷，爱情婚姻的不幸，生活的漂泊，战争的灾祸，她无不饱尝。萧红的一生是不幸的一生，也是同命运拼搏的一生，更是绚丽多彩的一生。她的奋斗历程对于每一个渴望人格独立、精神自由、个性解放的女性来说，都具有启迪意义和示范作用。

萧红的一生无论文学上，还是生活上，都是在个性解放的尝试中度过的。正如她的小说终笔作《小城三月》里写的："春天来了，人像久久等待一个大暴动，今天夜里就要举行，人人带着犯罪的心情想参加到解放的尝试……"

萧红总是人在旅途，又多是一个人上路，并且从上路那天起就一直亡命般地逃：1927年为逃离"女子无才便是德"的命运，争得了去哈尔滨求学的权利；1930年为逃离不如意的包办婚姻，去了北平；1934年为了逃离日本宪兵的魔爪，流亡青岛；1936年为了逃离感情的危机，只身东渡日本；之后的若干年，为了逃离烽火狼烟，她去了武汉、西安、重庆，最后流落到香港……她的每一段生命历程，既是逃亡的过程，又包含着个性解放的尝试，这是萧红最可宝贵的性格。

萧红的作品具有"乡土文学""女性文学""左翼文学""抗战文学"等多种特征，其思想内涵呈现出多重性、丰富性与复杂性。作品中浸透了她对生命的关切、悲悯与珍爱，对"人与自然""女性与男性""生与死"等这样一些人类存在的基本母题的洞察、追问与思考。正是这种强烈的生命意识、人类意识以及对现代中国人的生存困境的正视与关注，使萧红的作品卓尔不群。

萧红是呼兰河的精灵，是东北大地上野蛮生长的树，是中华文苑之妖娆的花朵……